KÖNIGS ERLÄUTERUNGEN SPEZIAL

Textanalyse und Interpretation zu

Ernest J. Gaines

A LESSON BEFORE DYING

von Durthy A. Washington
übersetzt von Veronika Kunzelmann

Alle erforderlichen Infos für Abitur, Matura, Klausur und Referat plus Musteraufgaben

Bange Verlag

Genehmigte Lizenzausgabe in Übersetzung

Originalausgabe:
Washington, Durthy A.: *Cliffs Notes on Gaines' A Lesson Before Dying.*
Lincoln, Nebraska: Cliffs Notes, Inc, 1999.

Zitierte Ausgabe:
Gaines, Ernest J.: *A Lesson Before Dying. Annotations by Hartmut K. Selke.*
Stuttgart: Klett, 2010.

Übersetzt von Veronika Kunzelmann

1. Auflage 2011
ISBN: 978-3-8044-3120-1

Titelbild: hands of a prisoner on prison bars, © iStockphoto.com, Vetta Foto
Druck und Weiterverarbeitung: Tiskárna Akcent, Vimperk

Ernest J. Gaines
© ullstein bild – SIPA

1. ERNEST J. GAINES: LEBEN UND WERDEGANG

Ernest James Gaines wurde am 15. Januar 1933 auf der River Lake Plantage in Oscar, einer kleinen Stadt im Pointe Coupee Parish, nahe New Roads in Louisiana geboren. Er war das älteste von zwölf Kindern und wuchs bei seiner Großtante Augusteen Jefferson auf. Sie lieferte die Inspiration für Miss Jane Pittman sowie für andere starke schwarze Frauenfiguren, wie Miss Emma und Tante Lou in *Lesson*. Gaines Geburtsort dient als Modell für die fiktionale Welt von Bayonne und St. Raphaels Parish. Mit Ausnahme seines vierten Romans *In My Father's House* sind alle seine fiktiven Werke in Bayonne angesiedelt.

Gaines hat zwar seit seinem fünfzehnten Lebensjahr viel Zeit in San Francisco verbracht, schreibt aber ausschließlich über das Leben im Süden. Seine große Bekanntheit verdankt er wohl seinem Roman *The Autobiography Of Miss Jane Pittman*, der für das US-Fernsehen verfilmt wurde und mehrere Emmys gewann. Im Mai 1999 strahlte HBO den Fernsehfilm zu *A Lesson Before Dying* erstmals aus.

Kindheit in Louisiana

Gaines ist in Louisiana aufgewachsen und besuchte dort verschiedene Dorfschulen. Von seinem achten Lebensjahr an hat er für 50 Cent pro Tag auf den Feldern mitgearbeitet. Ab 1945 besuchte er die St. Augustine Mittelschule für katholische afroamerikanische Kinder im nahe gelegenen New Roads, Louisiana, und inszenierte Theaterstücke in der örtlichen Kirche.

Gaines verließ Louisiana im Jahre 1948 und zog mit seiner Mutter und seinem Stiefvater nach Vallejo, Kalifornien. 1949 schrieb er eine erste Version seines Romans *Catherine Carmier* und legte sie einem New Yorker Verlag vor, der jedoch ablehnte. Nach Beendigung der High-School 1951 besuchte er das Vallejo Junior College, das er 1953 abschloss. Danach diente er zwei Jahre in der US-Army.

Auszeichnungen

Gaines ist Absolvent des San Francisco State College (jetzt Universität) und bekam ein Stipendium an der Stanford University. Er besitzt verschiedene Ehrentitel und hat zahlreiche Literaturauszeichnungen erhalten, unter anderem ein *Guggenheim* Stipendium, den *Louisiana Library Association Award*, den Award der *Black Academy of Arts and Letters* oder das prestigeträchtige Stipendium *MacArthur Fellowship*, das auch *Genius Award* genannt wird. Er ist Mitglied der *National Academy of Arts and Letters* und ist *Chevalier des Arts et Lettres*, was eine der höchsten französischen Literaturauszeichnungen darstellt. Seine Werke wurden in viele Sprachen übersetzt, darunter Deutsch, Französisch, Norwegisch, Japanisch, Chinesisch und Russisch.

Einordnung Gaines als Schriftsteller

Gaines will zwar nicht als ‚schwarzer' oder ‚Südstaaten-' Schriftsteller kategorisiert werden, glaubt aber, dass „much of our [African-American] history has not been told, as if we have no history". Infolgedessen bieten seine Romane eine Aufzeichnung Amerikanischer Geschichte aus einer schwarzen (afro-zentrischen) Perspektive. Ein immer wiederkehrendes Thema in seinen Stücken ist die Suche nach Würde und männlicher Identität in einer feindlichen, rassistischen Umwelt. In einem Interview sagt er, „the major conflict in my work is when the black male attempts to go beyond the line that is drawn for him." Obschon er unablässig den Stolz und die Würde der Afro-Amerikaner preist, wird dennoch oft von schwarzen Schriftstellern bemängelt, dass seine Stücke die harte Realität schwarzer Lebensumstände nicht adäquat porträtierten. Während der späten 1960er Jahre, in der Hochphase der Black Arts/Black Power Bewegung, wurde Gaines von Black-Power-Vertretern scharf dafür kritisiert, dass er es ablehnte, sich emotional für die Bürgerrechtsbewegung einzusetzen. Davon überzeugt, „a writer should be as detached as a heart surgeon is from his work", ließ sich Gaines von seinen Kritikern nicht beeinflussen. Als er 1993 in einem Interview über diese turbulente Zeit sprach, merkte er an, „When Bull Connor turned the hoses on the marchers, I just said to myself, 'Write a better paragraph'".

2. EINFÜHRUNG UND ÜBERSICHT

Einführung in den Roman:

A Lesson Before Dying ist auf den ersten Blick ein schnörkelloser Roman, der dann jedoch zahlreiche komplexe Themen entfaltet. Seine scheinbar schnöde Einfachheit und seine schlichte Sprache täuschen darüber hinweg, dass es ein komplexes und tiefgründiges Buch ist, wie es auch bei Albert Camus' *Der Fremde* der Fall ist, der ebenso von einer Gefängniserfahrung berichtet – wenn auch aus der Perspektive des Gefangenen. Gaines verwendet eine schroffe (oder schmucklose) Sprache, um die geistige und personale Entfremdung der Menschen des 20. Jahrhunderts widerzuspiegeln.

Scheinbar schnöde Einfachheit und schlichte Sprache

Grant Wiggins' emotional abgeklärter Bericht von Jeffersons Gerichtsverhandlung zu Beginn des Romans lässt darauf schließen, dass irgendetwas mit der Hauptfigur nicht in Ordnung ist.

Der Roman dokumentiert Grants Rolle bei Jeffersons innerer Transformation von einer vom System unterdrückten Person, geprägt von Teilnahmslosigkeit und Wut, hin zu einem Mann mit einer Daseinsbestimmung und Sinn für Leidenschaft, einem Mann, der Würde und Stärke verkörpert. Mit Grants Beistand für Jefferson, über seine menschenunwürdige Existenz zu triumphieren, geht auch ein Wandel in ihm selbst einher. So gewinnt er seinen Glauben an die Menschlichkeit und an seine eigene Fähigkeit, etwas ändern zu können, zurück, und verspricht, in Zukunft ein besserer Lehrer zu sein, der seine mühselig gewonnene Lektion an seine Schüler weitergibt und auf deren Leben stärker positiv einwirkt.

Handlungsverlauf

Oberflächlich betrachtet ist der Roman die Geschichte eines Mannes, der damit ringt, den Tod in Würde anzunehmen, während ein anderer Mann mit seiner Identität und seiner Verantwortung für die Gemeinschaft zu kämpfen hat. Auf einer tieferen

Ebene aber untersucht er die Bemühungen eines unterdrückten, entmenschlichten Volkes, das die Anerkennung seiner Menschenwürde und seiner Menschenrechte sowie die Freiheit eines selbstbestimmten Lebens für sich erlangen will.

Gaines' Umgang mit der Zeit, der Fokus auf die tagtäglichen Beschwernisse gewöhnlicher Leute, ist ein wichtiges Strukturelement des Romans.

Geschichtsbilder

Anders als viele schwarze US-Schriftsteller wählt Gaines eine kulturelle Perspektive der Zeit, die die Geschichte aus einem östlichen (afrozentrischen) Blickwinkel beleuchtet, der im Gegensatz zur westlichen (eurozentrischen) Sichtweise steht. Der Hauptunterschied zwischen diesen beiden Ansätzen ist die Definition der Zeit und wie sie auf unseren Blick auf die Vergangenheit, die Gegenwart und die Zukunft einwirkt. Aus der eurozentrischen Perspektive gesehen ist Geschichte eine Serie von bedeutenden Ereignissen, die die Errungenschaften von Helden belegen. Zeit ist ein Gebrauchsgegenstand, der ebenso wie Geld verbraucht, gespart, verloren oder verwaltet werden kann. Zeit besteht hier aus Vergangenheit, Gegenwart und Zukunft, die jeweils durch klare Grenzen voneinander geschieden sind; der Tod bedeutet das Ende des Lebens.

Die afrozentrische Sichtweise hingegen nimmt Geschichte als eine Abfolge von individuellen und gemeinschaftlichen Ereignissen wahr, die die Leistungen des Volkes wiedergeben. Zeit wird hier als Kontinuum empfunden – wie ein endloser Fluss kann sie nicht kontrolliert, eingegrenzt oder beeinflusst werden. Zeit besteht aus Vergangenheit und Gegenwart; Ereignisse, die noch nicht stattgefunden haben, existieren in einem separaten Bereich der ‚Nicht-Zeit'. Alle Elemente der Zeit sind miteinander verknüpft, der Tod ist ein Teil des Lebens. In diesem Kontext nun wird Jeffersons würdevolles Sterben noch stärker zu einer Bestätigung seines

Lebens und des Lebens seiner Gemeinschaft – trotz aller im Leben erlittenen Unwürdigkeiten.

Einige schwarze Historiker weisen darauf hin, dass weiße Historiker Geschichte zu lange als Aneinanderreihung *bedeutender Ereignisse* (Erscheinungen, die für eine Person, Gruppe oder Kultur bedeutsam sind) definiert haben. Dieser Standpunkt impliziert, dass die von den Mitgliedern der herrschenden Kultur ausgewählten Inklusionsmerkmale für alle Völker maßgeblich sein müssen. Daraus folgt, dass schwarze Geschichte aus US-Geschichtsbüchern geradezu ausgeklammert wurde, da die weißen Schriftsteller und Historiker die Errungenschaften der Schwarzen als nicht maßgeblich erachtet haben.

Afrozentrische Perspektive

In *Lesson* stellt die Exekution Jeffersons ein bedeutendes Geschehnis für die schwarze Gemeinschaft dar. Sein bevorstehender Tod hat tiefgreifende Auswirkungen auf die Leute der Siedlung – auf die Schüler an Grants Schule, die Mitglieder von Rev. Ambroses Kirche, die Stammgäste des Rainbow Clubs. Mit der Festlegung auf das afrozentrische Geschichtsbild betont Gaines den Wert und die Würde von Alltagshelden wie Jefferson, einem ungebildeten schwarzen Farmarbeiter, und Grant Wiggins, einem gebildeten Schwarzen, dessen Bildung der der weißen Gemeinschaft eigentlich in nichts nachsteht, von der er aber genauso behandelt wird wie die Ungebildeten. Grants Ausbildung jedoch lässt ihn das respektlose Benehmen der Weißen gegenüber Schwarzen besser gewahr werden; dies wiederum erschwert es ihm, in der Bildung, die er seinen Schülern vermittelt, positive Auswirkung auf deren Leben zu sehen. Diese Erkenntnis ist es, die Grant veranlasst, sein Leben lieber in Frage zu stellen und sich eine bessere Zukunft fernab seiner Heimatgemeinde auszumalen, als zu versuchen, den Einflüssen, die sie zermürbt haben, entgegenzuwirken.

Kurzzusammenfassung:

Angesiedelt in der erfundenen Gemeinde Bayonne, Louisiana, in den späten 1940er Jahren, erzählt *A Lesson Before Dying* die Geschichte von Jefferson, einem 21-jährigen, ungebildeten schwarzen Feldarbeiter, der fälschlicherweise des Raubes und der Ermordung eines weißen Mannes beschuldigt, dafür verurteilt und mit dem Tod auf dem Elektrischen Stuhl bestraft wird. Bei der Gerichtsverhandlung bringt der vom Gericht berufene Pflichtverteidiger vor, dass es Jefferson an der für die Planung eines Raubes nötigen Intelligenz mangele, und dass eine Verurteilung zum Tode, selbst wenn er in den Mord verwickelt gewesen wäre, so sei, als setzte man ein Schwein auf den Elektrischen Stuhl. Trotz dieser vorgeblichen Verteidigung befinden die allesamt weißen Geschworenen Jefferson für schuldig. Jefferson verinnerlicht die rassistische Darstellung des Anwalts von ihm als dummes Tier, was die grausame Lage noch verschlimmert.

Fest entschlossen, dass Jefferson zumindest mit Würde sterben soll, wendet sich seine Patin („nannan") Miss Emma an den schwarzen Lehrer an der örtlichen Dorfschule Grant Wiggins und bittet ihn, Jefferson beizubringen, ein Mann zu sein. Obwohl Grant überzeugt ist, nichts tun zu können, sagt er zögernd zu, Jefferson im Gefängnis zu besuchen. Im Laufe der nächsten Monate, während Jefferson seine Hinrichtung erwartet, schmieden er und Grant ein Band, das beide Männer befähigt, ihre Würde wieder zu gewinnen, sich wieder mit ihrer Gemeinde zu verbinden und „the importance of standing" zu verinnerlichen.

Auflistung der Charaktere:

Jefferson

→ ein 21-jähriger, ungebildeter schwarzer Feldarbeiter, zum Tode verurteilt, nachdem er unschuldig in einen bewaffneten Raubüberfall und eine Schießerei verwickelt worden ist

Alcee Gropé

→ weißer Ladeninhaber, der bei dem versuchten Raub getötet wird

Brother und Bear

→ zwei junge Schwarze, die während des Versuches, Alcee Gropés Geschäft auszurauben, getötet werden

Miss Emma (Emma Glenn)

→ Jeffersons Patin

→ Sie ist fest entschlossen, dass Jefferson in Würde sterben soll.

Grant Wiggins

→ der Erzähler

→ ein zynischer, desillusionierter Lehrer, der beauftragt wird, in Jefferson vor seiner Exekution ein Gefühl für Stolz und Selbstschätzung zu wecken

Tante Lou

→ Grants Tante und Miss Emmas beste Freundin

Vivian Baptiste

→ Grant Wiggins' kreolische (mit schwarzen **und** französischen oder spanischen Vorfahren) Freundin

Peggy
→ eine Lehrerkollegin
→ Vivians Freundin

Miss Eloise Bouie
→ eine Freundin von Miss Emma und Tante Lou

Estelle
→ Jeffersons Cousine
→ Schülerin Grants

Henri Pichot
→ Besitzer der Plantage, auf der einst Miss Emma und Tante Lou als Köchin bzw. Haushälterin beschäftigt gewesen sind

Inez Lane
→ Henri Pichots Dienstmädchen
→ Nachfolgerin von Miss Emma in Pichots Küche

Louis Rougon
→ ein Freund Henri Pichots
→ Seine Familie besitzt eine Bank in St. Adrienne.

Sam Guidry
→ Sheriff des Bayonne County
→ Henri Pichots Schwager

Edna Guidry
→ Sams Ehefrau und Henri Pichots Schwester

Joe und Thelma Claiborne
→ Besitzer des Rainbow Clubs, der Stammkneipe von Grant und Vivian

Shirley
→ Bedienung im Rainbow Club

Irene Cole
→ Grants Schülerin und Assistenzlehrerin

Matthew Antoine
→ Grants ehemaliger Lehrer, in der schwarzen Gemeinde als „the big mulatto from Poulaya" (S. 58) bekannt

Mr. Farrell Jarreau
→ Henri Pichots Stallarbeiter, Laufbursche, Mädchen für alles

Rev. Mose Ambrose
→ Pastor der Plantagenkirche, in der Grant Wiggins während der Woche Unterricht hält

Dr. Joseph Morgan
→ weißer Schuldirektor, der den Mythos von der weißen Vormachtstellung wieder erstarken lässt, indem er mehr an den Zähnen und der Hygiene der Schüler interessiert ist als an ihrer Ausstattung mit Lernmaterial

Paul Bonin
→ junger Hilfssheriff am Bezirksgericht, der sich mit Grant anfreundet und Jeffersons Hinrichtung bezeugt

Henry Martin

→ einer von Jeffersons Mithäftlingen

Henry Louis und Amos Thomas

→ die zwei alten Männer, die die erste Ladung Holz an Grants Schule liefern; Markierung des Winterbeginns

Dr. Sid Gilroy

→ der weiße Arzt, den Sheriff Guidry beauftragt, Miss Emma zu besuchen

„Gruesome Gerty"

→ der transportable Elektrische Stuhl, der von der Angola State Strafanstalt für Jeffersons Hinrichtung nach Bayonne gebracht wird

3. TEXTANALYSE UND -INTERPRETATION

Kritische Erläuterungen

Kapitel 1–4

ZUSAMMENFASSUNG

Der Roman beginnt mit einer Szene im Gerichtssaal. Der Erzähler der Geschichte – später als Grant Wiggins, schwarzer Lehrer an der örtlichen Dorfschule, identifiziert – gibt das Gerichtsverfahren gegen Jefferson wieder, einen des Raubes und Mordes angeklagten 21-jährigen ungebildeten Schwarzen. Über eine Reihe von Rückblenden erfahren wir, dass Jefferson unschuldig ist, obwohl es Indizienbeweise dafür gibt, dass er am Tatort gewesen ist.

Die Verhandlung

Unter den Besuchern sind Miss Emma, Jeffersons Patin, und Tante Lou, Grants Tante. Im Verlauf der Verhandlung, die an einem Freitagmorgen abgehalten wird, hören wir drei verschiedene Versionen dessen, was in der Nacht, in der der Ladenbesitzer Alcee Gropé umgebracht wurde, passiert ist. Zuerst hören wir vom Erzähler Jeffersons Geschichte (1). Dann folgt die Version aus Sicht des Staatsanwalts (2) und danach die von Jeffersons Pflichtverteidiger, der ihm vom Gericht zugewiesen worden ist (3). Als Teil seiner vorgeblichen Verteidigungsstrategie spricht Jeffersons Anwalt von seinem Klienten als „it“ und behauptet, dass dieses „thing“ (S. 11) außer Stande sei, richtig von falsch zu unterscheiden und ihm die Intelligenz fehle, den Raub geplant zu haben. Kurz, er versucht, die Jury zu überzeugen, dass Jefferson schlichtweg ein Stück Vieh ist, das spontan gehandelt hat;

ihn hinzurichten hieße, „put a hog in the electric chair" (S. 12). Trotz dieser stark erniedrigenden ‚Verteidigung' sprechen ihn die allesamt weißen Jurymitglieder des Raubüberfalls und Mordes schuldig. Der Richter setzt Jeffersons Verurteilung für den darauf folgenden Montag fest.

Die Verurteilung

Am Montagmorgen finden sich Miss Emma und Tante Lou, gemeinsam mit dem Dorfpastor Rev. Mose Ambrose wieder am Gericht ein. Als Jefferson vor den Richter gebracht und gefragt wird, ob er vor seiner Verurteilung noch etwas zu sagen habe, lässt er den Kopf hängen und verweigert die Aussage. Der Richter verurteilt ihn zum Tode auf dem Elektrischen Stuhl; der Termin muss vom Gouverneur festgelegt werden.

Grants Auftrag

Als Grant am Montagnachmittag von der Schule nach Hause kommt, erblickt er Miss Emma und Tante Lou in der Küche. In der Hoffnung, ihnen nicht zu begegnen, eilt er in sein Zimmer und gibt vor, in Schulhefte vertieft zu sein, aber seine Tante folgt ihm und rügt ihn dafür, nicht mit ihrer Freundin gesprochen zu haben. Als er Miss Emma schließlich aufsucht, starrt sie abwesend ins Leere, offensichtlich noch immer schockiert über Jeffersons Gerichtsverfahren und wütend über die Gleichsetzung ihres Patenkindes mit einem Schwein durch den Rechtsanwalt.

Trotz seiner Proteste überreden die beiden Frauen Grant, sie zu Henri Pichot zu bringen, ihrem früheren Arbeitgeber. Sie hoffen, dass Pichot seinen Schwager, den Sheriff, überzeugen wird, Grant eine Besuchserlaubnis bei Jefferson auszustellen. Grant versucht den Frauen klar zu machen, dass ihr Plan vergeblich ist. Diese weigern sich jedoch, seine Ratschläge anzuhören.

Nach der Ankunft an Pichots Villa gehen sie bis zur Hintertür, wo sie von dem Hausmädchen Inez Lane begrüßt werden. Während Inez bei Pichot in der Bibliothek ist, sieht Grant sich in der Küche um und ruft sich wieder ins Gedächtnis, wie er als Kind Miss Emma und Tante Lou in dieser Küche geholfen hat, als diese noch für die alten Pichots gearbeitet haben. Seine Träumerei wird vom Eintreten Pichots und dessen Freund Louis Rougon unterbrochen. Miss Emma grüßt die Männer und bringt ihre Angelegenheit Pichot vor, nicht ohne ihn an die Jahre ergebenen Dienstes zu erinnern, den sie seiner Familie geleistet hat. Erstaunt über ihre ausdauernde Beharrlichkeit erklärt sich Pichot zögerlich bereit, mit seinem Schwager zu sprechen. Bevor sie gehen, versichert Emma ihm, am nächsten Tag zurückzukommen und seine Antwort zu erwarten.

Bei Pichot

Am gleichen Abend macht sich Grant auf den Weg in den Rainbow Club in der nahe gelegenen Stadt Bayonne, wo er von den Clubeigentümern Joe und Thelma Claiborne begrüßt wird. Er bestellt ein Getränk und Essen, ruft dann seine Freundin Vivian Baptiste an und bittet sie, ebenfalls in den Club zu kommen. Nach ihrer Ankunft tanzen sie und besprechen die Ereignisse des Tages. Vivian teilt die Meinung, dass er Jefferson besuchen solle.

Mit Vivian im Rainbow Club

ERLÄUTERUNG

Scheinbar einfacher Stil

Der erste Satz des Romans – „I was not there, yet I was there" (S. 7) – veranschaulicht Gaines scheinbar einfachen Schreibstil. Obwohl diese von einem namenlosen Erzähler geäußerte Feststellung eine einfache Tatsache auszudrücken scheint, spricht sie Bände. Der Satz führt die Ironie und die Widersprüche ein, die den Roman durchziehen, in dem Dinge nicht immer das sind, was sie zu sein scheinen und Wahrheit ein höchst subjektives Konzept ist. Der Satz gewährt uns zudem einen flüchtigen Blick in die Psyche des Erzählers. Ohne auch nur irgendetwas über ihn zu wissen, spüren wir, dass er zynisch, gleichgültig und abgeklärt ist und dass ihm die Geschichte, die er uns erzählen wird, so vertraut ist, dass er ihren Ausgang genau kennt. Außerdem ahnen wir, dass seine Vergangenheit und seine Erfahrungen ihn dazu gebracht haben, das Leben als eine Abfolge von regelmäßigen, vorhersehbaren Ereignissen anzusehen, über die er wenig bis gar keine Kontrolle hat.

1. Kapitel

Metaphern und Anspielungen

Das erste Kapitel führt den Leser bereits in einen weiteren Aspekt von Gaines kompaktem Schreibstil ein: den Gebrauch von Metaphern und Anspielungen. So vergleicht der Erzähler Jeffersons Patin mit „a great stone" (S. 7) und mit einem Baumstumpf, womit suggeriert wird, dass Miss Emma eine angeborene Stärke und Ausdauer verkörpert, die notwendig sind, um in einer feindlichen Umwelt zu überleben. Während der „great stone" Stärke und Stabilität symbolisiert, steht der Baumstumpf für Zähigkeit und Ausdauer (für jemanden, der einen starken Lebenswillen hat, obwohl er gefällt worden ist und ihm verweigert worden ist, zu blühen und zu wachsen).

Aber Gaines geht noch weiter. Während Miss Emmas *immobility* (S. 12) impliziert, dass ihr Bewegungsspielraum seit jeher stark eingegrenzt ist, spielt sie aber auch auf das alte Spiritual *I shall not be moved* und das biblische Bild von Jesus als den *Fels* der

Erlösung an. (Später erfahren wir, dass Miss Emma und Tante Lou tief religiös sind.)

Die Macht der Sprache

Jedoch besitzt weder der Stein noch der Stumpf die Macht der Sprache – ein Konzept, das für den Roman zentral ist; auch Grant und Jefferson müssen sich anstrengen, einen Weg zu finden, zusammenzukommen und miteinander zu kommunizieren. Im ersten Kapitel hören wir drei verschiedene Versionen dessen, was in der Nacht von Alcee Gropés Ermordung geschehen ist: die des Erzählers, die des Staatsanwalts und die des Verteidigers. Aber wir hören *nicht* Jeffersons Geschichte, dem ja faktisch das Recht zu sprechen verwehrt wird. Wie den meisten Schwarzen seiner Zeit wird ihm in seinem eigenen Schicksal keine Stimme gegeben und er muss erst lernen, Worte zu finden, sein Menschsein zu artikulieren. (Gaines hat erläutert, er benutze einen Erzähler, der die Ereignisse so berichtet, wie andere sie aufdecken, um in die Köpfe seiner Charaktere vorzudringen, ohne auf einen allwissenden Erzähler in der dritten Person zurückzugreifen.)

Beachten Sie, dass der Höhepunkt der Szene im Gerichtssaal zwar der Urteilsspruch der Jury zu sein scheint, für Miss Emma aber ist der prägendste Moment der, in dem der Verteidiger Jefferson mit einem Schwein gleichsetzt.

Breites Varietätenspektrum

Wer spricht, zu wem wird gesprochen und wer hört dem Gesagten zu – diese Faktoren müssen zum Verständnis der vielen Lektionen, die der Roman bereithält, untersucht werden. Genauso sollte der Leser beachten, wie regionale Dialekte, die Blues Sprache, die schwarze Umgangssprache und die verschiedenen Anredeformen („boy“, „sir“, „Mr.“, „nannan“ und „professor“), die oft die vermutete Position der Figur in der sozialen Hierarchie verraten, ihre Rasse oder ethnische Zugehörigkeit darlegen oder andere Hinweise auf ihren Status in der Gemeinschaft bieten, eingesetzt werden.

Bedeutsam ist auch das Schlussargument des Verteidigers, in dem er Jefferson als „a boy" (S. 10), „a fool" (S. 10), „a corned animal" (S. 11) und „a thing to hold the handle of a plow" (S. 11) bezeichnet und die Jury auffordert „the shape of this skull, this face, as flat as the palm of my hand, … those eyes [without] a modicum of intelligence" zur Kenntnis zu nehmen. Jefferson nimmt diese erniedrigende Darstellung seiner selbst nicht nur hin, er verinnerlicht sie. Kurz, die Gleichsetzung Jeffersons mit einem „hog" durch den Anwalt ist viel mehr als eine gemeine Beleidigung; sie ist ein typisches Beispiel für eine entmenschlichende Sprache, die die Haltung weißer Rassisten gegenüber Schwarzen aufzeigt.

Jefferson = „hog"

In seinem umstrittenen Buch *Up from Slavery* gibt Booker T. Washington eine Unterhaltung mit einem älteren schwarzen Mann wieder, die den verheerenden psychologischen Schaden offenbart, den eine derartige Sprache vielen versklavten Schwarzen zugefügt hat: „He said he had been born in Virginia and sold into Alabama in 1845. I asked him how many were sold at the same time. He said, ‚There were five of us: myself and my brother and three mules.'"

Als Rechtfertigung der „peculiar institution" der Sklaverei verweisen weiße Rassisten oft auf die biblische Geschichte von Ham, dem jüngsten Sohn Noahs: Noah hat Ham und seine Nachfahren verflucht, ‚Knecht aller Knechte' zu sein, weil Ham seinen Vater nackt gesehen hat. Die Bibel zählt das Schwein (pigs und hogs) zu den Tieren, die als ‚unrein' gelten.

Mythos der weißen Vormachtstellung

Um die Versklavung schwarzer Afrikaner auch weiterhin vernünftig begründen zu können, haben weiße Rassisten den Mythos der weißen Vormachtstellung begründet, der Schwarze als Untermenschen ohne Seele beschreibt. Schwarze wurden als für ihre unbändige Kraft bekannte Lastentiere und daneben als meist fröhliche, kindliche Kreaturen von geringer Intelligenz dargestellt, die der harten Zucht der Weißen bedürfen. Sie wurden als verschlagen, vertrauensunwürdig und promiskuitiv angesehen und als schmutzige und hässliche Kreaturen mit einem widerwärtigen Körpergeruch abgestempelt.

Rassistische Erniedrigungen

Mit diesem Kontext können wir ansatzweise verstehen, wieso es eine derart niederschmetternde Wirkung auf Jefferson und Miss Emma hat, mit einem „hog" gleichgesetzt zu werden. Auch wird jetzt nachvollziehbar, wieso es Miss Emma eine so wichtige Angelegenheit ist, dass ihrem Patensohn ein würdevolles Sterben ermöglicht wird. Obgleich auch sie die Abwertung der Schwarzen durch weiße Rassisten erlebt hat, akzeptiert sie diese nicht, sondern verlässt sich auf ihren Glauben an Gott und an die menschliche Würde.

Mit diesem Wissen sind wir im Stande, die eklatanten Fehlschlüsse zu erkennen, die der Rechtsanwalt zieht, als er darzulegen versucht, Jefferson erfülle die Kriterien von Menschlichkeit nicht. Wir erkennen, dass die vom Verteidiger vorgebrachten Argumente in Jeffersons Lebensrealität nicht zu halten sind. Der Rezensent Charles E. Wilson Jr. hat angemerkt, „Why would Jefferson know the size of his clothes when he cannot even try on clothes in a department store? Why would he know the month of the year, when his existence in rural Louisiana is dependent not on the calendar year, but on the generic planting season?" Wir erkennen, dass Grant und Jefferson in einer Gesellschaft, die ihnen die Grundrechte abspricht, nach alternativen Möglichkeiten suchen müssen, ihre Menschlichkeit auszudrücken.

Wiederholungen

In diesem Kapitel findet sich ein weiteres, für Gaines Sprache typisches Element: der Einsatz von Wiederholungen, der auch in der Blues-Musik ein Definitionsmerkmal ist. Hingewiesen sei zum Beispiel auf mehrfach wiederkehrende Wörter wie „standing", „solitary", „now" und „hog", die alle Schlüsselthemen hervorheben, die im Roman mitschwingen.

Gaines forscht die feinen Grenzlinien zwischen Fantasie und Realität aus. So schaffen der Schauplatz, die Protagonisten und Umstände der Nacht der Schießerei – also die White Rabbit Bar and Lounge (eine Anspielung auf *Alice im Wunderland*) und die Namen „Brother" und „Bear" (Anspielungen auf die *Br'er Rabbit*-Volksmärchen, die im ganzen Süden während des frühen 20. Jahrhunderts beliebt waren) – eine surreale Atmosphäre, die den ganzen Zwischenfall mit einer unheimlichen, traumähnlichen Stimmung erfüllen.

2. Kapitel

Miss Emma vs. Grant

Das zweite Kapitel handelt in erster Linie von Miss Emmas Entschlossenheit, dass Jefferson „on his own two feet" (S. 15) in den Tod gehen soll und unterstreicht ihren unbeugsamen Stolz und ihre heftige Zuneigung zu ihrem Patensohn. (Wenn man berücksichtigt, dass üblicherweise nur engste Familienangehörige eine Besuchserlaubnis für Inhaftierte bekommen, sie aber dennoch darauf beharrt, dass Grant Jefferson besuchen darf, verdeutlicht das ihren mutigen und hingebungsvollen Kampf für ihre Familie.) Gleichzeitig illustrieren Grants Widerwille, in die Sache verwickelt zu werden und seine starre Überzeugung, dass Jefferson nicht geholfen werden kann, seine gleichgültige Entfremdung von seiner Gemeinde. Indessen demonstriert die kurze Unterredung zwischen Grant und Miss Emma ihre unterschiedlichen Standpunkte.

Grant ist bereit, sich mit der Situation abzufinden und ihren unausweichlichen Ausgang hinzunehmen, womit er das anerkennt, was er als Ende des schwarzen Menschseins ansieht – ein weiteres Thema des Buches. Er sagt, „I can't raise the dead" (S. 16) und deutet damit an, dass Jefferson schon die letzten 21 Jahre am Sterben ist. Daneben steht die Vermutung, dass auch Grants Glaube an sich und an Gott gestorben ist. Miss Emma dagegen hängt am Leben und ist entschlossen, ihr Möglichstes zu tun, um einen Wandel herbeizuführen. Außerdem ist sie zuversichtlich, dass

Grant aus Jefferson einen Mann machen kann, wenn sie nüchtern feststellt, „You the teacher" (S. 16). Auch hier setzt Gaines wieder eine einfache, direkte Feststellung ein, um ein komplexes Konzept auszudrücken. (Miss Emmas Anmerkung eignet sich für zahlreiche Interpretationen, wie es auch in nachfolgenden Kapiteln deutlich wird.) Zu beachten ist des Weiteren, dass Miss Emma annimmt, dass die Lehrerrolle einer Person automatisch ein hohes Maß an Status und Respekt verleiht und dieser Person eine gewisse Verantwortung gegenüber der Gemeinschaft überträgt; Grant sieht sich allerdings als gänzlich ohne Einfluss in einer Rolle, die ihm weder Status noch Respekt verschafft.

3. Kapitel

Das Verhältnis zwischen Schwarzen und Weißen

Im dritten Kapitel setzt Gaines verschiedenste Mittel ein, um aufzuzeigen, dass die Vergangenheit in der Gegenwart lebendig ist und dass das Erbe der Sklaverei noch immer auf die schwarz-weißen Beziehungen einwirkt. Grant fühlt sich gedemütigt, weil er Pichots Haus durch die Hintertür betreten muss und gezwungen ist, Pichot mit „Sir" anzusprechen. Inez hat Miss Emma und Tante Lou in Pichots Küche ersetzt, so wie neue Geräte die alten ersetzt haben. Auch wenn Sklaverei seit nunmehr über 80 Jahren verboten ist, erwarten Henri Pichot und Louis Rougon noch immer ein unterwürfiges und dienstbares Verhalten von den Schwarzen. Keiner bietet Miss Emma oder Tante Lou einen Stuhl oder ein Glas Wasser an. Pichot dominiert eindeutig die Gesprächsführung und beide, er und Rougon, wirken erstaunt, als Miss Emma auf einer Antwort auf ihre Bitte besteht, noch nachdem Pichot das Ende des Gesprächs signalisiert hat. Kurz, die Unterredung zwischen Pichot und Miss Emma repräsentiert das schwierige Verhältnis, das noch immer zwischen den Rassen besteht. (Miss Emmas Betonung der Leistungen, die sie für die Pichots erbracht hat und das Wenige, das sie selbst davon hatte, stehen für all das, was Schwarze dazu beigetragen haben, das

Land aufzubauen, ohne dass die verfassungsmäßige Zusage auf gleiche Rechte und grundlegende Menschenwürde umgesetzt worden wäre.)

Die Sprache des Schweigens

Das dritte Kapitel führt zwei weitere Schlüsselthemen ein, die das ganze Werk durchziehen: die Sprache des Schweigens und das Konzept des Essens als Quelle körperlicher und geistiger Nahrung (Essen kommt Liebe gleich). Ein Großteil der Kommunikation zwischen Miss Emma und Henri Pichot sowie zwischen Grant und Tante Lou, findet durch Gesten, Körpersprache und bedeutungsvolle Blicke statt. (Bemerkenswert sind die häufigen Hinweise auf die Augen einer Figur, denn Augen werden oft als das ‚Fenster der Seele' beschrieben.)

Essen als körperliche und geistige Nahrung

Wenn Grant seiner Tante mitteilt, „I'll eat in town" (S. 25), merkt er, dass „nothing could have hurt her more when I said I was not going to eat her food" (S. 25). In den folgenden Kapiteln wird Jeffersons Reaktion auf Miss Emmas Essen das Barometer für seine Fortschritte sein, sein Menschsein voll zu akzeptieren.

In diesem Kapitel zeigt Gaines Sinn für Humor, er streut witzige Zwischenfälle ein (wie beispielsweise die Beschreibung der zwei Frauen, die den gesamten Rücksitz von Grants Auto ausfüllen, S. 18), die in Kontrast zu den tragischen Umständen von Jeffersons Gerichtsverfahren stehen.

4. Kapitel

Beschreibung Bayonnes

Einer der Höhepunkte des vierten Kapitels ist die Beschreibung von Bayonne mit seinen nach Rasse getrennten Kirchen, Schulen und Kinos. Die Eisenbahnschienen stellen die Hauptgrenze zwischen der schwarzen und der weißen Gemeinde Bayonnes dar; das heißt, dass die Schwarzen von den Weißen aus buchstäblich „across the tracks", also im Armeleuteviertel, leben, was die Weißen wahrscheinlich die falsche Seite der Gleise nennen würden. (In afro-amerikanischer Literatur spielen Züge aber oft auch auf die metaphorische Underground Railroad an, die fliehende Sklaven nach Norden in die Freiheit brachte. Sie deuten auch die große Wanderungsbewegung Schwarzer aus dem ländlichen Süden an, die im urbanen Norden ein besseres Leben suchten. Daher gelten Bahnlinien als ein Symbol der Hoffnung, sie repräsentieren Entscheidungsmöglichkeiten und eine freie Wahl.)

Beachten Sie auch, dass einer der wichtigsten Wirtschaftsbetriebe in Bayonne ein Schlachthof ist, „mostly for hogs“ (S. 26), und dass die wichtigste Anlaufstelle für die schwarze Gemeinde (zumindest aus Grants Perspektive) der Rainbow Club ist, mit seinen „green, yellow, and red arched neon lights“ (S. 26), also den Farben der African Liberation Flag.

Entfremdung, Kommunikationsmangel

Das vierte Kapitel führt weitere Themen und Symbole ein und veranschaulicht manche in früheren Kapiteln eingeführte Konzepte. So unterstreicht Grants Suche nach einem Telefon die Themen Entfremdung und Kommunikationsmangel zwischen schwarzen und weißen Gemeinschaften – und auch innerhalb der schwarzen Gemeinschaft selbst. So ist festzustellen, dass es in der ganzen Siedlung kein Telefon gibt. Selbst wenn Jefferson also in der Lage gewesen wäre, einen Anruf von Alcee Gropés Geschäft abzusetzen, wen hätte er anrufen können? Hätte er irgendjemanden erreichen können? Das Kapitel betont zudem die Unterschiede zwischen Grants und Vivians Wertesystem: während Vivian den Schwerpunkt auf *Pflichterfüllung* legt, steht für Grant die *freie Wahl* im Vordergrund.

Hier und in den folgenden Kapiteln werden schwierige Ausdrücke und Wendungen sowie Anspielungen und historische Bezüge geklärt.

Keats, Byron, Scott (S. 11)	John Keats, George Gordon Byron und Sir Walter Scott sind Romantik-Dichter des 19. Jahrhunderts. Der Anwalt unterstellt Jefferson, kein „civilized" (S. 10) menschliches Wesen zu sein, da ihm eine formale eurozentrische Erziehung fehlt. Dieses offenkundig rassistische Argument unterschlägt jedoch die Tatsache, dass Schwarzen das Recht, lesen und schreiben zu lernen, gesetzlich aberkannt war, oft sogar unter Androhung des Todes oder der Verstümmelung, und ihnen sogar zu diesem Zeitpunkt noch die Lehrbücher und andere Quellen, die sie befähigen würden, die abendländischen Klassiker kennenzulernen, verweigert wurden. Später im Buch lesen wir, wie der Schulleiter den Schülern vorschlägt, Geld zu verdienen, um Zahnbürsten – nicht Bücher – kaufen zu können.
We must live with our own conscience (S. 12)	Diese Anmerkung veranschaulicht die Ironie der Situation: Weiße der Südstaaten hatten sehr oft keinerlei Gewissen, wenn es um das Schicksal der Schwarzen ging, was besonders an der Beweisführung des Verteidigers deutlich wird.
The Quarter (S. 13)	Siedlung aus Reihen von kleinen Häuschen, die an die Plantagen angrenzen und von der Außenwelt isoliert sind. Sie diente als Unterkunft für die Sklaven im 19. Jahrhundert und für die Farmpächter im 20. Jahrhundert. Bis nach dem Zweiten Weltkrieg gab es in diesen Häuschen keine Elektrizität und kein fließendes Wasser.
I need you speak for me. (S. 22)	Diese Aussage von Miss Emma gibt den ungeschriebenen Schweigekodex wieder, der Schwarzen in den Südstaaten vor den Bürgerrechten das Recht absprach, ihre Gedanken und Gefühle zu artikulieren. Das Statement weist die Macht der Sprache als ein wiederkehrendes Thema aus. Zu beachten ist hier die Ironie, da Miss Emma eigentlich kein Problem damit zu haben scheint, für sich selbst zu sprechen.
Parish (S. 25)	die größte örtliche Verwaltungseinheit in Louisiana. Ein Parish ist das Äquivalent zu einem County in anderen Staaten.

Kapitel 5–6

ZUSAMMENFASSUNG

Grants Unterrichtsstil

Am Dienstag, dem Tag nach Jeffersons Gerichtsverfahren, geht Grant wieder zur Arbeit in die Dorfschule. Irritiert von dem Mangel an Disziplin und Motivation, den seine Schüler an den Tag legen, und seiner eigenen Unfähigkeit, seine Klasse unter Kontrolle zu bekommen, wendet Grant seine eigenen Disziplinierungsmaßnahmen an. Er regiert mit seinem Westcott Lineal und bringt seine Schüler mit seinen physischen Disziplinierungen und seinen erniedrigenden Bemerkungen zum Weinen. Zuletzt berichtet er ihnen – bis ins kleinste Detail – von Jeffersons anstehender Hinrichtung. Um 14 Uhr kommt Mr. Farrell Jarreau, Henri Pichots Mädchen für alles vorbei, um Grant mitzuteilen, dass Pichot ihn um 17 Uhr treffen will.

Grant bei Pichot

Am Abend erreicht Grant zehn Minuten vor 17 Uhr Pichots Haus. Er muss aber noch zweieinhalb Stunden in der Küche warten, wo Inez ihm von Louis Rougons Wette erzählt, dass es Grant nicht schaffen wird, Jefferson soweit zu bringen, wie ein Mann zu sterben. Nachdem sie gemächlich ihr Abendessen abgeschlossen haben, empfangen Sheriff Guidry, Henri Pichot, Louis Rougon und ein namenlos bleibender „fat man“ (S. 44) Grant, um mit ihm Jeffersons Lage zu besprechen. Während des Gesprächs setzen die weißen Männer alles daran, Grant zu erniedrigen. Sheriff Guidry versucht Grant durch einen Trick dazu zu bringen, Stellung in einer angeblichen Auseinandersetzung zwischen ihm und seiner Frau über den Nutzen von Grants Besuchen bei Jefferson zu nehmen, Grant weicht dieser rhetorischen Falle jedoch geschickt aus. Letztlich teilt der Sheriff ihm mit, dass er seine Besuche bei Jefferson „in a couple of weeks“ (S. 48) aufnehmen könne.

ERLÄUTERUNG

5. Kapitel

Das fünfte Kapitel, das in Grants Schule angesiedelt ist und die Interaktion zwischen Grant und seinen Schülern abbildet, ist ein Spiegelbild des sechsten Kapitels, das in Pichots Herrenhaus spielt und die Unterredung zwischen Grant und den weißen Männern beschreibt. Tatsächlich sehen wir, wie Grant seine Schüler genauso behandelt, wie er von den Weißen behandelt wird. In beiden Fällen ist der Umgang von einem eklatanten Mangel an Respekt und dem Wunsch der sogenannten Höhergestellten, ihre Untergebenen zu demütigen, gekennzeichnet.

Das fünfte Kapitel beginnt damit, dass Grant und seine Schüler auf dem Kirchplatz den Fahneneid schwören, ein Ritual, das angesichts der nicht vorhandenen „liberty and justice“ (S. 53) für Schwarze in den Südstaaten voller Ironie ist.

Die Ironie wird noch ergänzt durch den weißen Lattenzaun, der die Kirche umgibt, und suggeriert, dass die Kirche das Zuhause der Schüler sei. Bemerkenswert ist hier die gefühlvolle Sprache im einleitenden Satz, die uns befähigt, den Rauch zu *sehen*, die Traktoren zu *hören* und die kalte Luft zu *fühlen*.

Wir folgen den Schülern nach innen und hören sie ihre Bibelverse rezitieren, was ebenso nur noch ein Ritual ist, das für Grant (und seine Schüler) bedeutungslos geworden ist. Durch das Zitieren verschiedener Verse drückt Gaines seinen Respekt für diese kurzen, prägnanten Aussagen aus, z. B. „Jesus wept“ (S. 33). Sie übermitteln die Kraft, die auch er für seinen eigenen knappen Schreibstil anstrebt.

Das fünfte Kapitel stellt uns die Plantagenschule und die Rolle des schwarzen Lehrers vor. Wir erfahren, dass das Schuljahr nur fünfeinhalb Monate dauert, da die Schüler für die Feldarbeit gebraucht werden, und dass Grant seit sechs Jahren an der Schule unterrichtet. Des Weiteren hören wir, dass die Schule ein fester Bestandteil der Gemeinde ist und Grant die Familien von allen seinen Schülern kennt. Es wird dargelegt, dass Grant von seinem Leben und seiner Rolle als Lehrer frustriert ist und dass er spürt, nur wenig bis gar keinen Einfluss auf das Leben seiner Schüler zu haben.

Die Plantagenschule/Grant als Lehrer

Wenn wir Grants Umgang mit seinen Schülern beobachten, stellen wir allmählich seine Wirksamkeit als Lehrer und seine Fähigkeit, aus Jefferson einen Mann zu machen, in Frage. Wir müssen feststellen, dass er Angst und Hass schürt und seinen Schülern wenig Hoffnung auf eine bessere Zukunft gibt, anstatt sie zu fördern, ihren Wissensdurst zu wecken und ihnen den Wert von Bildung zu verdeutlichen. Obwohl er um die Probleme weiß, mit denen seine Schüler zu Hause fertig werden müssen, hat er kein Einfühlungsvermögen oder Verständnis für ihre persönlichen Nöte. Er ist sich zwar der gewalttätigen Welt bewusst, in die viele seiner Schüler nach der Schulzeit eintreten werden, schlägt sie aber trotzdem, lehrt also Gewalt in Vorbildfunktion. Anstatt zu motivieren, will er lieber kontrollieren. Er ist gemein, ungeduldig und rachsüchtig, lässt seine persönliche Frustration an seinen Schülern aus. Kurz, er hält seine Schüler für so unbedeutend wie „little red bug[s]“ (S. 38) und zeigt keine der vortrefflichen Eigenschaften, die ihm Miss Emma zuweist. Anstatt eine Veränderung des unerträglichen Systems anzustreben, das seinen Schülern jeglichen Mut nimmt, erhält er es noch mit seiner Gleichgültigkeit und seinem schlechten Vorbild aufrecht.

Gewalt in Vorbildfunktion

Kontrolle statt Motivation

Farrell Jarreaus Besuch unterstreicht die Ironie in Grants Situation. Obwohl Jarreau ein Analphabet und ungebildet ist (so wie Jefferson), ist er ein Überlebenskünstler, der eine stille Würde verkörpert. Er respektiert Grant als Lehrer und sieht ihn wie Miss Emma als einen Anführer seiner Gemeinde kraft seines Berufs. Jarreaus Stolz auf Grant als einem Mann, der ein höheres Ziel erreicht hat, ist augenscheinlich. Die kurze Unterhaltung zwischen Grant und Jarreau bildet das höfliche, respektvolle Verhalten ab, das man unter zivilisierten Menschen erwarten können sollte.

Zu beachten ist, dass Farrell Jarreau Grant immerzu mit „professor“ (z. B. S. 39) anspricht, genauso wie Grant den Hofarbeiter stets „Mr. Farrell“ (z. B. S. 39) nennt. Historiker merken diesbezüglich an, dass „professor“ von den Schwarzen der Südstaaten als Respektsbezeichnung für alle männlichen Lehrkräfte gebraucht wurde. Manchmal ist der Ausdruck auch auf andere talentierte oder gebildete Personen bezogen worden, wie Pianisten oder Prediger. Auch hier ist der Gesprächskontext entscheidend. Wenn nämlich Henri Pichot Grant mit „professor“ anspricht, dient der Ausdruck höhnischem Spott.

6. Kapitel

Grant wird gedemütigt

Das sechste Kapitel, das in Henri Pichots Herrenhaus spielt, versinnbildlicht das unzivilisierte Verhalten der weißen Männer Grant gegenüber. Wie Farrell Jarreau ist Grant gezwungen, seine Informationen „through an innate sense of things around him“ (S. 40) zu beziehen. Hinter einer dünnen Fassade, die Anstand vorgibt, versuchen die Männer doch alles, um Grant zu erniedrigen und ihn in seine Schranken zu verweisen. Wenn man ihn in dieser Situation beobachtet, wie er versucht, nicht „too smart“ (S. 46) zu wirken, kann man ansatzweise seinen Missmut gegenüber seinen Schülern und seine zynische Lebenssicht verstehen. Den Männern bereitet es offensichtlich Freude, Grant unter ihrer Kontrolle zu haben. In der Hoffnung, dass er aufgibt und nach Hause geht, zwingen sie ihn, zweieinhalb Stunden zu warten. Als sie ihn schließlich empfangen, haben sie ihre Entscheidung schon getroffen. Um seine Freunde zu erheitern, versucht Sheriff Guidry Grant mit einem

Trick zu einer Stellungnahme in einer fingierten Meinungsverschiedenheit zwischen ihm und seiner Frau zu bringen. Wie Inez wird auch Grant ‚unsichtbar' gemacht. Beim Verlassen von Pichots Herrenhaus realisiert Grant, dass er mit seiner Unterstützung für Jefferson, sein Menschsein wiederzugewinnen, auch seine eigene Würde aufs Spiel setzen kann.

sharecroppers (S. 13)	Leute, die das Land für einen Ernteanteil bearbeiten, besonders Pachtbauern. Im Süden lebten schwarze Farmpächter für gewöhnlich in extremer Armut und wurden von den weißen Landbesitzern kaum besser als Sklaven behandelt.
I tried to decide just how I should respond to them. Whether I should act like the teacher that I was, or like the nigger that I was supposed to be. (S. 45)	Diese beißende Bemerkung lässt eine der Lektionen, die er von seinem Lehrer gelernt hat, als er Schüler in der Plantagenschule war, widerhallen.

Kapitel 7–8

ZUSAMMEN-FASSUNG

Am Donnerstag stattet der weiße Schulinspektor Dr. Joseph Morgan Grants Schule seine alljährliche Visite ab. Um den Drill zu verschärfen, inspiziert er deren Zähne, so als seien sie Pferde (oder Sklaven). Grant versucht Dr. Morgan zu erklären, dass er Bücher und eine bessere Ausstattung brauche. Dr. Morgan ignoriert jedoch seine Bitte und konzentriert sich stattdessen auf die Forderung nach Hygiene unter den Schülern.

In der darauf folgenden Woche erhält die Schule ihre erste Holzlieferung, was den Winteranfang markiert. Während er die Männer beim Abladen des Holzes beobachtet, sinniert Grant über seine eigene Schulzeit und denkt über seinen früheren Lehrer Matthew Antoine nach, der ihm geraten hat, Bayonne zu verlassen, bevor es ihn zerstöre.

ERLÄUTERUNG

Kontinuität und Wandel

Dr. Morgans Besuch und die erste Holzlieferung sind zwei Highlights im Schuljahr und begründen bei Grant und seinen Schülern ein Gefühl für Kontinuität. Diese Vorgänge betonen, dass sich über die Jahre nur wenig verändert hat und dass es Grants Hauptaufgabe als Lehrer ist, in die Fußstapfen seines Vorgängers Matthew Antoine zu treten und den Status Quo zu bewahren. Jedoch muss beachtet werden, dass diese Rituale bewusst gegen die Kulisse der Zuckerrohrverarbeitungssaison gesetzt werden, die den Lebensrhythmus dieser armen Schwarzen in den Südstaaten bestimmt. Somit stehen Grants Besuche bei Jefferson und dessen bevorstehende Exekution im Begriff, die tagtäglichen Rituale der schwarzen und auch der weißen Gemeinschaft zu durchbrechen.

Aus diesem Grunde ist Jefferson trotz Inhaftierung dazu bestimmt, ein wirkmächtiger Beschleuniger des Wandels zu werden.

7. Kapitel

Der Besuch des Schulinspektors

Im siebten Kapitel illustriert Dr. Morgans Besuch die Ungleichheit zwischen schwarzen und weißen Schulen und die mangelhafte Kommunikation zwischen schwarzen Lehrern und weißen Verwaltungsbeamten. Genauso werden der institutionalisierte Rassismus, der im Bildungswesen der Südstaaten wild wuchert, und die Gleichgültigkeit der weißen Südstaatler gegenüber den Bedrängnissen der schwarzen Schüler und Lehrer klar herausgestellt.

Institutionalisierter Rassismus

Dr. Morgans Herannahen an die Schule wird von „a thick cloud of gray dust“ (S. 49) angekündigt. Später, als Grant Dr. Morgan dabei beobachtet, wie dieser die Zähne der Schüler inspiziert, erinnert er sich an Sklavenhalter, die für gewöhnlich auch die Zähne und Gliedmaßen ihrer Sklaven genau untersucht haben. Obwohl Grant Dr. Morgan seine Gefühllosigkeit übel nimmt, begreift er, dass er nichts dagegen unternehmen kann. Hier bringt Gaines mit seinem Humor wiederum eine willkommene witzige Abwechslung in eine eigentlich schmerzvolle Situation – hier sei z. B. auf die Beschreibung von Dr. Morgan hingewiesen, der hauptsächlich mittels Grunz- und Ächzlauten kommuniziert; oder darauf, wie er den angeblich schlimmsten Schüler der Klasse aufruft oder auf seine Lehrstunde über „beans, beans, beans“ (S. 53); er spricht Grant Wiggins mit „Higgins“ (S. 53) an, was möglicherweise eine Anspielung auf Professor Henry Higgins ist, der in George Bernard Shaws *Pygmalion* ein Mädchen aus den Slums in eine Lady verwandelt. Auch die Unfähigkeit des Schulrats, sich Grants Namen zu merken, bildet den Identitätsverlust Schwarzer innerhalb der weißen Gemeinschaft ab. Dr. Morgan nimmt Grant während seiner Visite nicht wirklich wahr, er hört und sieht nur, was er sehen und hören will.

8. Kapitel

Die Holzlieferung

Das achte Kapitel gestattet uns einen weiteren flüchtigen Einblick in Grants Werdegang. Als er den alten Männern beim Abladen des Holzes und den Jungen beim Hacken und Aufstapeln zusieht, erinnert er sich daran, dass er als Schüler das Gleiche getan hat und fragt sich, ob es nicht irgendetwas gibt, das er tun kann, um diesen ewigen Kreislauf von Armut und Gewalt zu durchbrechen, der so viele von seinen Freunden in den Tod gerissen hat. Dann denkt er an seinen früheren Lehrer Matthew Antoine und überlegt, ob es falsch war, dessen Rat, Bayonne zu verlassen, nicht angenommen zu haben.

Farbigkeit als Problem

Antoine, der „big mulatto from Poulaya“ (S. 58), der sein Mischlingsblut verachtet und sich jedem überlegen gefühlt hat, der dunkler war als er, veranschaulicht das Problem der Farbigkeit in der schwarzen Gemeinschaft, in der sich sogar manche Schwarze mit einem etwas helleren Hautton als ranghöher wahrnehmen, um die Auswirkungen der mehrfachen Erfahrungen von Vergewaltigung und Unterdrückung zu verdrängen. Da Mulatten häufig die Kinder von versklavten schwarzen Frauen waren, die von ihren weißen Herren vergewaltigt worden sind, sind Antoines Selbsthass und der Hass auf sein eigenes Volk, das unfähig ist, ihn vor diesem Rassismus zu bewahren, weitere Exempel für das Fortbestehen der Vergangenheit in der Gegenwart, so wie das Erbe der Sklaverei die schwarzen Amerikaner weiterhin verfolgt. Antoines Lebensumstände und sein Umgang mit Grant befähigen uns, den Ursprung von Grants Zynismus zu erkennen und wir verstehen, wie tief er den Ratschlag seines Lehrers verinnerlicht hat: „Just do the best you can. But it won‘t matter.“ (S. 62)

Hitler had his reason (S. 60)	Die Anmerkung Antoines zeigt beispielhaft die enorme Entfremdung Schwarzer im weißen Süden der USA.

Kapitel 9–12

ZUSAMMENFASSUNG

Im neunten Kapitel schwenkt der Fokus von der Plantagenschule zum Bezirksgefängnis, wo Grant und Miss Emma zum ersten Mal mit dem inhaftierten Jefferson sprechen können. Im zehnten Kapitel erleben wir, wie Grant und Miss Emma das inzwischen gewohnte Ritual im Justizgebäude durchlaufen: Der Hilfssheriff durchsucht Miss Emmas Essenskorb und überprüft den Inhalt von Gaines Taschen und führt sie dann an den anderen Gefangenen vorbei zu Jeffersons Zelle. Jefferson ist nach wie vor mürrisch und reagiert nicht. Miss Emma verlässt ihn unter Tränen und bittet den Deputy, das übrige Essen unter den anderen Häftlingen zu verteilen.

Grants erster Solobesuch bei Jefferson

Als Grant Miss Emma zum nächsten Besuch abholen will, versichert diese ihm, zu krank zum Reisen zu sein. Trotz seiner Proteste bringen Tante Lou und Miss Emma Grant dazu, Jefferson alleine zu besuchen; sie schicken ihn mit einer Tasche auf den Weg, die – nach Grants Meinung – genug Essen enthält, um jeden im Gefängnis zu verpflegen.

Als Grant zu seinem ersten Einzelbesuch bei Jefferson eintrifft (Kapitel 11), erwartet ihn Sheriff Guidry an Stelle des zuständigen Hilfssheriffs. Nach einer kurzen Unterhaltung mit dem Sheriff wird Grant von dem jungen Hilfssheriff Paul zu Jeffersons Zelle geleitet. Als Grant Jefferson drängt, etwas von Miss Emmas Speisen zu essen, ignoriert Jefferson ihn zunächst. Dann aber muss Grant verwundert beobachten, wie Jefferson auf seine Knie niedergeht, seinen Kopf in die Essenstüte steckt und ihm vormacht, wie ein Schwein isst. Um den Sheriff nicht wissen zu lassen, dass sein Besuch kein

Jefferson isst wie ein Schwein

Der Besuch bleibt erfolglos

Erfolg war, beschließt Grant, bis zum Ende der ihm zugestanden Stunde zu bleiben. Er versucht halbherzig, Jefferson in ein Gespräch zu verwickeln. Im Gehen sagt er Jefferson, dass er Miss Emma erzählen wird, wie sehr er (Jefferson) ihr Essen genossen hat. Während Paul Grant zum Büro zurückbegleitet, sprechen sie kurz über Jefferson. Voller Unwillen, Miss Emma von seinem Besuch zu berichten, sucht Grant auf dem Heimweg den Rainbow Club auf (Kapitel 12). Im Club findet er Joe Claiborne in einer Diskussion mit zwei alten Männern über ihren derzeitigen Helden Jackie Robinson [berühmter schwarzer Baseballspieler, Anm. d. Übers.]. Als er der Unterhaltung so zuhört und die alten Männer beobachtet, wie sie dramatisch imitieren, wie Jackie Bases ‚stahl' und über die Home Plate schlitterte [Taktik im Baseball, Anm. d. Übers.], ruft er sich eine Zeit in Erinnerung, in der Joe Louis sein Held war. Dann denkt er an „the little Irishman" (S. 81), der ihn mit James Joyces Kurzgeschichte *Ivy Day in the Committee Room* vertraut gemacht hat.

Auf dem Nachhauseweg hält Grant noch an Vivians Schule, um ihr von seinem Besuch bei Jefferson zu erzählen.

ERLÄUTERUNG

Die vier Kapitel handeln von Grants ersten vier Besuchen bei Jefferson im Bezirksgefängnis. In den Kapiteln 9 und 10 fahren Grant und Miss Emma drei Mal nach Bayonne, um Jefferson zu sehen. In den Kapiteln 11 und 12 geht es vor allem um die Ereignisse rund um Grants ersten Solobesuch bei Jefferson.

9. Kapitel

Eines der übergeordneten Bilder des neunten Kapitels ist das Gerichtsgebäude: Traditionell ein Symbol für Gerechtigkeit und Demokratie, hier jedoch eine Bastion des institutionalisierten

Rassismus. So wie es die Statue des konföderierten Soldaten und die Konföderationsflagge vor dem Gerichtsgebäude andeuten, wird das hier gesprochene Recht nicht zum Vorteil der schwarzen Amerikaner angewandt. Mit seinen gesonderten, ungleichen Einrichtungen symbolisiert das Gerichtsgebäude die rassistischen weißen Machtstrukturen in Jim Crows Südstaaten [Stereotyp eines unterdurchschnittlich intelligenten, zufriedenen Schwarzen; Symbol für die Rassendiskriminierung in den USA; Anm. d. Übers.].

Gericht = Institution des Rassismus

Die Szene zwischen dem zuständigen weißen Hilfssheriff und dem jungen schwarzen Häftling bildet die Geringschätzung weißer Rassisten gegenüber den Schwarzen in den Südstaaten ab. Diese Haltung wird auch bei Miss Emmas erster Begegnung mit dem Chief Deputy deutlich. Zu beachten ist, dass Paul Miss Emma vor weiteren Peinlichkeiten und Demütigungen bewahrt, wenn sie die barsche Einwortantwort des Deputy – „Quiet" (S. 65) – als eine Anweisung fehlinterpretiert anstatt als eine Beschreibung von Jeffersons Benehmen. Mit diesem Verhalten weicht er von seiner offiziellen Rolle als weiße Autoritätsperson ab und zeigt sein Mitgefühl.

Geringschätzung Schwarzer

Als Grant und Miss Emma zu Jeffersons Zelle geleitet werden, kommen sie an den Zellen anderer junger schwarzer Insassen vorbei, die sie um Zigaretten und Geld bitten. (Beachten Sie, dass die Jugendlichkeit der anderen Häftlinge, von denen die meisten zwischen 15 und 19 Jahre alt sind, für Miss Emma besonders unerträglich erscheint, da sie über sie als „children" (S. 69) spricht.) Anstatt an den Zellen vorbeizueilen und die Gefangenen zu ignorieren, gibt Grant ihnen alle Münzen, die er hat, und Miss Emma bleibt stehen, um mit ihnen zu reden und bietet ihnen Essen an. Als Grant und Miss Emma schließlich Jefferson erreichen, ist dieser mürrisch und schweigsam, er übergeht Miss Emmas verzweifelte Versuche, ihn in ein Gespräch zu verwickeln. Frustriert von Jeffersons Benehmen nimmt Miss Emma die nonverbale Kommu-

Jeffersons ablehnendes Verhalten

nikation, die zwischen Jefferson und Grant geschieht, nicht wahr. Als Grant und Miss Emma das Gerichtsgebäude verlassen, kommt es zu einer weiteren nonverbalen Kommunikation zwischen Grant und Paul, der Grant bedeutet, Miss Emma zu trösten.

Die Betonung des Rituals am Gerichtshof zeigt an, dass dieses genauso bedeutsam ist, wie jene an der Plantagenschule, die im siebten und achten Kapitel beschrieben wurden. Beachten Sie, dass sich Grant und Miss Emma schnell an die Prozedur gewöhnen, obwohl sie ihre normale Tagesroutine durchbricht. Daran sehen wir, wie Jeffersons Haft sich auf die gesamte schwarze Gemeinde auszuwirken beginnt.

Essen als Schlüsselmotiv

Essen als eine Quelle physischer und geistiger Nahrung ist hier wiederum Schlüsselmotiv. Wir können mutmaßen, dass Miss Emma beschlossen hat, die „children" zumindest mit Essen zu versorgen, wenn sie sie schon nicht retten kann. Essen repräsentiert Unabhängigkeit, Großzügigkeit und Liebe – Essen ist Miss Emmas Geschenk für Jefferson, ein Ausdruck ihrer eigenen Identität und etwas, für das sie nicht auf die Duldung der weißen Gesellschaft angewiesen ist. Jefferson lehnt mit dem Essen auch Miss Emmas Person ab, was sie sehr verletzt.

11. Kapitel

Konsequenzen der Erniedrigungen

Im elften Kapitel wird Grants Entsetzen über Jeffersons Verhalten beschrieben, als dieser demonstrativ wie ein Schwein frisst; Grant realisiert, wie stark die unmenschliche Behandlung, die Jefferson erfahren hat, seiner Psyche geschadet hat. Wie bereits im Kapitel *Einführung in den Roman* in diesen Erläuterungen angeführt, sind Jeffersons Erlösung und Verwandlung eng mit der Bewahrung und Wiedererstarkung von Grants Menschsein verwoben. Infolgedessen realisiert Grant, wenn er Zeuge der Demütigung Jeffersons wird, dass auch sein eigenes Menschsein durch die Erniedrigungen seiner Rasse angegriffen wird. Der Rezensent Charles E. Wilson, Jr., stellt in seinem Aufsatz *Black Manhood in*

Ernest J. Gaines' Lesson Before Dying heraus, dass Grant weiß, dass „if Jefferson, a fellow black male, behaves this way, then his own manhood is tenuous." Wilson führt weiter aus, „Gaines seems to toy with this notion of tenuity when he has Jefferson mispronounce ‚humans' and spells it as ‚youmans'" (S. 76). Wenn jemand „youmans" wiederum als „you mans" oder „you men" niederschreibt, bemerkt er die zugrunde liegende Ironie, wenn Jefferson Grant ein feines Gespür für das schwarze Menschsein zuspricht (trotz Grants selbst gewählter Loslösung von der schwarzen Gemeinschaft), besonders wenn Grant gerade mit seiner Tante über seine Gefühle der Erniedrigung und emotionalen Kastration gesprochen hat.

Jeffersons Verhalten in diesem Abschnitt ist für mehr als seinen Symbolismus und seine Ironie bemerkenswert. Es spielt auch auf die unmittelbare Reaktion versklavter Schwarzer auf unmenschliche Behandlung an.

Frederick Douglass beschreibt in seiner Autobiographie *Narrative of the Life of Frederick Douglass* die folgende Szene: „Our food was coarse corn meal boiled. This was called mush. It was put into a large wooden tray or trough, and set upon the ground. The children were then called, like so many pigs, and like so many pigs they would come and devour the mush; some with oyster shells, others with pieces of shingle, some with naked hands, and none with spoons."

12. Kapitel

Beachten Sie, dass Grant wegen Jeffersons Gebaren so aufgebracht ist, dass er sich nicht überwinden kann, Miss Emma gegenüber zu treten (die aber vermutlich unruhig seine Rückkehr erwartet). Stattdessen sucht er Trost im Rainbow Club.

Heldenverehrung

Die drei alten Männer im Club, die über ihren Helden Jackie Robinson diskutieren, illustrieren die Neigung armer, unterdrückter Menschen, Helden zu vergöttern, deren legendäres Image oft aus ihren eigenen vereitelten Hoffnungen und Träumen erwachsen und genährt ist. Diese Idole sind häufig Sportler und Entertainer, deren einzigartiges Talent ihnen Ruhm und finanziellen Erfolg verschafft hat, trotz rassischer und ökonomischer Hürden, die unterdrückten Schwarzen sonst die Möglichkeit verwehren, Erfolg unter alltäglichen Umständen zu erlangen. Grant wird klar, dass die alten Männer, indem sie die Leistungen ihrer Sportidole feiern und sie als repräsentative Mitglieder der schwarzen Gemeinschaft beanspruchen, ihr eigenes Gefühl von Menschsein feiern und Anspruch darauf erheben. Sie malen sich die Höhen aus, zu denen auch sie emporstreben könnten, da ihre Helden demonstriert haben, dass Erfolg allen scheinbaren Widrigkeiten zum Trotz möglich *ist.*

Lehrer und Lehren

Der Abschnitt untersucht daneben einige Schlüsselfragen bezüglich Lehrern und Lehren. Als Grant die alten Männer beobachtet, ruft er sich wieder seine Studentenzeit ins Gedächtnis, als die Vorlesung eines Redners, den er nur „the little Irishman" (S. 81) nennt, sein Interesse für James Joyce Kurzgeschichte *Ivy Day in the Committee Room* geweckt hat. Er erinnert sich an die Begeisterung des Sprechers für die Geschichte und seine Überzeugung, dass sie allgemeingültige Themen erforscht, und dessen Wiederholung des Namens „Parnell". Er denkt daran, wie sein Literaturdozent Mr. Anderson ihm half, eine Kopie einer Anthologie zu beschaffen, in der die Geschichte enthalten war. Er denkt ebenfalls daran, dass er auch nach wiederholtem Lesen der Geschichte die Universalität nicht finden konnte, von der der Ire gesprochen hat. Jahre später begreift er, dass die Geschichte (sie handelt von einer Gruppe alter irischer Männer, die zusammenkommen, um über Politik zu diskutieren und ihren verstorbenen Helden Parnell zu preisen) allgemeingültig ist, da sie den Erfahrungen unzähliger alter Männer entspricht, die er selbst sieht, die sich in Bars und Friseurläden, an Straßenecken oder in der Siedlung treffen, um über ihre Idole zu sprechen. Als er seine Gedanken

Grant erinnert sich an seine Studienzeit

schließlich zurück auf Jefferson und dessen bevorstehende Hinrichtung lenkt, fällt Grant ein, dass er von der Exekution eines Jungen in Florida gelesen hat, der, als er zum Elektrischen Stuhl geschleppt wurde, zu Joe Louis gefleht hat, dass er ihn retten solle. Auch wenn dies zunächst unzusammenhängend erscheint, können wir annehmen, dass diese Geschichte einen Hauptaspekt der Heldenverehrung unterstreicht: Sie kann die Fantasie der Menschen beflügeln und es ihnen ermöglichen, stellvertretend durch ihre Helden zu leben, jedoch kann sie sie nicht vor der harten Lebensrealität schützen.

Grants Besuch in Vivians Schule zeigt deutlich die starke Wirkung, die Lehrer auf ihre Schüler haben können. Während Grants lebendigste Erinnerungen an seine eigene Schulzeit um den zynischen Matthew Antoine (Kapitel 8) kreisen, deuten seine Erinnerungen an „the little Irishman" und an seinen Literaturdozenten Mr. Anderson darauf hin, dass ihn auch diese Männer beeinflusst haben, was er sich erst jetzt einzugestehen beginnt.

Grants vs. Vivians Unterrichtsstil

Der Besuch stellt auch den Kontrast zwischen Vivians Unterrichtsstil – der von Förderung und hohen Erwartungen gekennzeichnet ist – und Grants züchtigendem Ansatz dar, der von seinem allgegenwärtigen Westcott Lineal symbolisiert wird. (Beachten Sie, dass Vivians Definition eines einfachen Satzes sich stark von der Definition Grants im fünften Kapitel abhebt.) Die Tatsache, dass Vivian Französisch unterrichtet, suggeriert nicht nur, dass sie Bildung und Kultur schätzt, sondern auch, dass sie sich für ihre Schüler eine Zukunft ausmalt, die über die Grenzen ihrer verarmten realen Umgebung hinausgeht.

It don't matter (S. 68)	Jeffersons Worte lassen die von Matthew Antoine im achten Kapitel widerhallen.
Clabber (S. 68)	Dickmilch.
Jackie Robinson (S. 79)	(1919–1972) Baseballspieler in der United States Major League. Als Robinson 1947 den Vertrag mit den Brooklyn Dodgers unterzeichnet hat, war er der erste afro-amerikanische Spieler, der in der Major League verpflichtet war. Er war auch der erste Schwarze, der die Auszeichnung „Most Valuable Player" erhalten hat, der erste, der in einer Major League World Series gespielt hat und der erste, der in die Baseball Hall of Fame aufgenommen wurde. Für viele Schwarze symbolisiert Jackie Robinson einen Triumph im Kampf für Rassenintegration.
Joe Louis (S. 80)	US-Profiboxer, Spitzname „The Brown Bomber". Joe Louis war Weltmeister im Schwergewichtsboxen von 1937–1949 und hält noch immer den Rekord über den längsten Zeitraum (elf Jahre, acht Monate und sieben Tage) als Schwergewichtsweltmeister.
Schmeling (S. 80)	Max Schmeling war ein deutscher Boxer, der Joe Louis 1936 besiegte. 1938 gewann Louis seinen Schwergewichtstitel zurück, indem er Schmeling in der ersten Runde des Kampfes schlug.
Yeats, O'Casey, Joyce (S. 81)	William Butler Yeats, Sean O'Casey und James Joyce. Irische Dramatiker und Dichter.
Parnell (S. 81)	Charles Stuart Parnell (1846–1891). Nationalistischer irischer Führer.

Kapitel 13–15

ZUSAMMENFASSUNG

Nachdem Miss Eloise Tante Lou zum Kirchgang abgeholt hat, sitzt Grant in seinem Zimmer, benotet Hausarbeiten und denkt über sein Gespräch mit Miss Emma und Rev. Ambrose am vorigen Freitag nach. Seine Tagträume werden von einem Klopfen an seine Tür unterbrochen und er ist freudig überrascht, dass Vivian ihn besuchen kommt. Grant und Vivian reden, trinken Kaffee und essen Kuchen, entschlüpfen dann in die Zuckerrohrfelder und haben Sex. Bei ihrer Rückkunft treffen sie auf die Kirchgängerinnen – Tante Lou, Miss Emma, Miss Eloise und Inez – die sich in Tante Lous Küche versammelt haben. Als Grant Vivian vorstellt, bereiten die Frauen Vivian nach Tante Lous Vorbild einen frostigen Empfang. Während Grant frischen Kaffee kocht, fragt Tante Lou Vivian über ihren sozialen und akademischen Hintergrund und ihre religiösen Ansichten aus. Erleichtert, dass Vivian nicht der Snob ist, den sie sich ausgemalt hat, erklärt Tante Lou sie zu „a lady of quality“ (S. 104), was Vivians Aufnahme in die Gemeinschaft der Frauen gleichkommt.

ERLÄUTERUNG

Die Rolle der Musik

Dieser Abschnitt, der in der Siedlung spielt, fokussiert die Ereignisse, die am Bekennungssonntag geschehen, dem dritten Sonntag des Monats, an dem die Gemeindemitglieder üblicherweise „sing their favorite hymns and tell the congregation where they were determined to spend eternity“ (S. 88). Eines der wichtigsten Rituale in diesem Abschnitt betrifft Tante Lous Singen ihres „'Termination song“ (S. 88), womit sie sich auf den Kirchgang vorbereitet. Musik – in der Form von Spirituals – durchzieht dieses Teilstück und betont die wichtige Rolle, die Musik und die schwarze Kirche im Leben von Tante Lou und ihren Freundinnen spielen. Spirituals sind die Basis des Blues, einer weiteren traditionell schwarzen Musikrichtung, und Blues sind das säkulare Äquivalent zu Spirituals. Somit können wir allmählich abschätzen, welch wichtige Rolle die Musik im Leben der Figuren spielt: Musik bietet spirituelle Versorgung in schwierigen Zeiten und bietet ein Mittel, körperliches und emotionales Leid auszudrücken und zu verbannen. Dieses Thema wird in nachfolgenden Kapiteln noch weiterentwickelt. Musik ist auch eine Form von Sprache und des Ausdrucks, die auf den kreativen Antrieb der schwarzen Gemeinde verweist, der nicht zum Schweigen gebracht werden kann. Die Wahl des Liedes „Were You There When They Crucified My Lord“ (S. 92) kann als Vorahnung von Grants Beschluss, Jeffersons Exekution nicht beizuwohnen, gesehen werden.

Rituale

Der Abschnitt schildert zwei weitere Rituale: die Besuche bei Jefferson (die die früheren Gewohnheiten einiger Gemeindemitglieder, einschließlich Grant, Miss Emma, Tante Lou, Rev. Ambrose, unterbrechen) und das Taufritual. Als Miss Emma Grant im 13. Kapitel über seinen Besuch bei Jefferson ausfragt, erzählt er ihr, was sie seiner Meinung nach hören will, um ihre Gefühle zu schonen. Grants ungeschminkte Antwort auf Rev. Ambroses Frage, ob sie „about God“ (S. 91) gesprochen hätten, offenbart seine Geringschätzung für den Reverend, auch wenn er ihn mit „Sir“ (S. 91) anspricht. Das Gespräch zwischen Grant und Rev. Ambrose deckt einen Hauptunterschied zwischen den Glaubensvorstellungen und Wertesystemen der beiden Männer auf: Grant ist gebildet, jedoch hat seine Bildung bewirkt, dass er den Bezug zu seinem Volk und seinen kulturellen Wurzeln verloren hat. Daraus folgt, dass er zu keinerlei tieferen Gedanken fähig ist. Rev. Ambrose mangelt es zwar an formaler Ausbildung, aber seine ihm eigene Weisheit und sein Mitgefühl in

13. Kapitel

Glaubensvorstellungen und Wertesysteme

Verbindung mit seinem spirituellen Glauben befähigen ihn, mit den Herausforderungen des Lebens umzugehen. Beachten Sie, dass Grant, der sich auf Grund seiner Bildung sowohl über Jefferson als auch über Rev. Ambrose stellt, die *Unterschiede* zwischen sich und dem Reverend hervorhebt. Rev. Ambrose dagegen betont die *Gemeinsamkeiten* zwischen Grant und Jefferson, indem er erklärt, dass er beide getauft habe. Während Grant nur Jeffersons körperliche Bedürfnisse im Blick hat (Essen und saubere Kleidung), kümmert sich Rev. Ambrose um seine geistigen Belange (die Bibel). Auch wird in diesem Kapitel die Aufmerksamkeit auf den universalen Konflikt zwischen Glaube und Rationalität gelenkt.

Grant bezweifelt die Existenz Gottes

Grant ist Agnostiker, nicht Atheist. Auch wenn er nicht überzeugt ist, dass es keinen Gott gibt, hat die harte Lebensrealität ihn so desillusioniert, dass er die Existenz Gottes anzweifelt. Diese Zweifel – ein direktes Resultat seiner Erziehung – lassen ihn Existenzqualen erleiden: Was ist der Zweck des Lebens, wo kann er diesen Zweck am besten erfüllen und dabei gleichzeitig sich und seinem Erbe treu bleiben? Für Tante Lou definiert die Kirche ihr Dasein. Für Grant repräsentiert sie weiße Unterdrückung. Grants Ambivalenz gegenüber der Kirche wird in seiner Stellungnahme deutlich, dass er seit seinem Universitätsabschluss und einem Kurztrip nach Kalifornien, um seine Eltern zu besuchen, stets „had been running in place ..., unable to accept what used to be my life, unable to leave it." (S. 92). Obwohl er Gott ablehnt, sehnt sich doch ein Teil von ihm nach dem Frieden und der spirituellen Kraft, die er bei Miss Emma und Tante Lou erlebt hat, so wie es sein Kommentar „Sunday is the saddest day of the week" (S. 95) ausdrückt. Ein Rezensent hat einmal betont: „The problem ... Grant Wiggins faces is the plight of an educated man who feels trapped in his community. He could stay and be beaten down or run away and be lost."

Ambivalente Haltung gegenüber der Kirche

14. Kapitel

Grant und Vivian

Das 14. Kapitel beinhaltet zwei Schlüsselszenen, die zentrale Punkte des Romans markieren. Die Unterredung zwischen Grant und Vivian in Tante Lous Hütte und ihr heimliches Verschwinden, um sich in den Zuckerrohrfeldern zu lieben. Beachten Sie, dass Grant sich für seine Umgebung entschuldigt, anstatt auf sein Zuhause stolz zu sein, welches, auch wenn es bescheiden ist, seinen familiären Hintergrund und seine Herkunft widerspiegelt. Bemerkenswert ist ferner, dass Grant die Hütte als „rustic" (S. 93) beschreibt, während Vivian sie als „pastoral" (S. 94) bezeichnet. Zwar referieren beide Ausdrücke auf einfaches Landleben, haben aber sehr unterschiedliche Bedeutungen: Während „rustic" auf einen Mangel an Eleganz oder Raffinesse hindeutet, suggeriert „pastoral" einen idealisierten ursprünglichen Lebensstil, der von Frieden und Ruhe bestimmt ist. Hier ist der penible Umgang mit Sprache und Dialogen wiederum entscheidend und enthüllt die ganz unterschiedlichen Lebensanschauungen der Charaktere. Genauso signifikant ist Vivians Anmerkung bezüglich der Sauberkeit in Tante Lous Küche. Mit diesem scheinbar nicht weiter bemerkenswerten Kommentar (und zusätzlich mit einer späteren Referenz auf den Geruch des „sweet powder", S. 101, der Frauen), beseitigt Gaines den rassistischen Mythos vom schmutzigen Schwarzen, der einen unerträglichen Körpergeruch hat. Dieses Thema wird auch in späteren Kapiteln wieder aufgegriffen.

Kraftvolle Naturkulisse

Auch wenn die Liebesszene zwischen Grant und Vivian ziemlich nebensächlich ist, ist dennoch die Tatsache, dass sie im Zuckerrohrfeld stattfindet, von Bedeutung, genauso wie die anschließende Konversation des Paares. Die kraftvolle Naturkulisse der Zuckerrohrfelder bestätigt die Beziehung schwarzer Amerikaner zu dem Land, das das aus ihnen gemacht hat, was sie sind. Die Idee von einem Volk, das engstens mit der Erde verbunden ist, wird oft auf die biblische Schöpfungsgeschichte zurückgeführt, laut welcher der Mensch aus der Erde entstanden ist und die die Geschichte von Adam und Eva und ihren Söhnen Kain und Abel erzählt.

Grants Wandel setzt ein

Im Anschluss an die Liebesszene in den Feldern benutzt Gaines verschiedene Techniken, um anzudeuten, dass sich Grant gewandelt hat, Stärke von seiner *Mutter* Erde erhalten hat und nun besser gerüstet ist, mit dem Leben fertig zu werden und tiefer zu gehen (unter die Oberfläche zu schauen). Als er und Vivian beispielsweise von ihrer zukünftigen gemeinsamen Familie träumen, äußert er, seinen Sohn „Paul" (S. 98) nennen zu wollen. Auch hier ist wieder ein scheinbar beiläufiges Detail sehr wichtig. „Paul" ist bekanntlich der Name des jungen weißen Hilfssheriffs, mit dem sich Grant angefreundet hat. Dies offenbart, dass Grant, der in früheren Kapiteln seinen Hass auf Weiße nicht verheimlicht hat, einen entschiedenen Sinneswandel durchgemacht hat. In der Literatur, besonders in der afro-amerikanischen, gewähren Namen häufig einen Einblick in die Seele der Figur. In diesem Roman legt Gaines besondere Bedeutung auf den Namen ‚Paul'. Laut Bibel war Paulus der erste große Missionar und Theologe in der christlichen Geschichte. Saulus von Tarsus (später umbenannt in Paulus), ein streng religiöser Jude, der berüchtigt für seine Christenverfolgungen war, hat die Stimme Jesu gehört und ist durch einen hellen Himmelsstrahl geblendet worden. Nach einigen Tagen bekam er sein Augenlicht mit Hilfe eines Christen zurück. Auf Grund dieses tief greifenden Erlebnisses wurde er ein streng gläubiger Christ. Später dann wurde er wegen seines Glaubens eingekerkert und ist den Märtyrertod gestorben. Für unzählige Christen steht Paulus' Leben für Hoffnung und versinnbildlicht nicht nur die Veränderungen, die in einem Leben aus dem Glauben erbracht werden können, sondern auch die immense Wirkung, die ein Individuum auf das Leben der anderen haben kann. Wie der biblische Paulus wird Grant von der Erkenntnis getroffen, dass sein Leben in den

Namen als Fenster zur Seele

falschen Bahnen verläuft und dass Jeffersons Transformation für seine eigene entscheidend ist. Grants Sinneswandel wird auch in seinem Verhalten nach seiner Rückkehr zu Tante Lou deutlich, als er zum ersten Mal seiner Tante standhalten kann und darauf besteht, dass er den Kaffee macht (womit er ein weiteres Ritual in Frage stellt – und bricht). Anstatt darauf zu warten, bedient zu werden, oder es einfach hinzunehmen, da es schon immer so war, beginnt Grant nun, sein Verhalten zu ändern, was sich wiederum auf die Menschen in seiner Umgebung auswirkt.

15. Kapitel

Das 15. Kapitel, in dessen Zentrum der Plausch der Frauen in Tante Lous Küche steht, ist das Spiegelbild einer Szene im zwölften Kapitel, in dem die Männer im Rainbow Club über ihre Helden sprechen. Während die Männer aber die Vergangenheit thematisieren und von den Leistungen ihrer Helden träumen, reden die Frauen über die Zukunft und die Träume, die sie selbst für ihre Familien haben. Eine signifikante Szene in diesem Kapitel ist die, in der Tante Lou Vivian über ihren kreolischen Hintergrund und ihre Religion ausfragt. Die Tatsache, dass Tante Lou Vivian schließlich akzeptiert, zeigt an, dass sie gewillt ist, Vivian als Individuum zu sehen, nicht nur als Christin oder Kreolin. Anhand dieser Interaktion der Frauen erteilt uns Gaines eine wichtige Lektion, die Grant nun auch allmählich lernt: Wer wir sind, ist weitaus wichtiger als was wir sind.

Zukunft und Träume

In diesem Kapitel, das die Mitte des Romans markiert, beginnt Grants Verwandlung, als Mann und als Lehrer.

Creole (S. 61)	Menschen von schwarzer und französischer oder spanischer Abstammung, die das elitäre Rückgrat der frühen New Orleanser Gesellschaft bildeten. Ausdruck vom französischen ‚créole' abgeleitet, was so viel bedeutet wie ‚einheimisch in der Region' oder ‚zu Hause geboren'.
Frederick Douglass, Abraham Lincoln, Booker T. Washington (S. 93)	Männer, die in den Kampf um Bürgerrechte und in die Befreiung der Schwarzen involviert waren.
	Douglass (1817–1895), ein ehemaliger Sklave (geboren als Frederick Augustus Washington Bailey), wurde zu einem berühmten Redner, der sich gegen die Schrecken der Sklaverei aussprach.
	Lincoln (1809–1865) unterzeichnete die Emanzipationsproklamation, die die Sklaven befreite. Er gab zu, dies nicht in erster Linie getan zu haben, weil er Sklaverei unmoralisch fand, sondern weil er so die Union zusammenhalten wollte.
	Washington (1856–1915) ist am besten für seine konservativen, aber versöhnlichen Ansichten bezüglich der Rolle der Schwarzen in Amerika bekannt.
A swarm of black birds flew across the road (S. 96)	Vögel sind ein gebräuchliches Symbol für die Seele. Grants Begegnung mit den schwarzen Vögeln, nur Augenblicke bevor er und Vivian am Friedhof vorüber kommen, deutet an, dass die Vögel die Seelen seiner Vorfahren sind.
Derrick (S. 96)	Kran.
Free LaCove (S. 100)	Vivians Heimatstadt mit hauptsächlich kreolischen oder heller häutigen schwarzen Einwohnern.
Xavier University (S. 100)	Universität in New Orleans, die nach dem Hl. Franz Xaver (1506–1552), einem spanischen Jesuiten und Missionar, benannt ist. Die Xavier University ist aus ihrer Geschichte heraus eine schwarze und katholische angegliederte Universität.

Kapitel 16

ZUSAMMEN-FASSUNG

Als Grant sich am Montag auf den Heimweg von der Schule machen will, teilt ihm einer seiner Schüler mit, dass Miss Emma ihn bei sich erwartet. Als er bei Miss Emma eintrifft, findet er dort auch Tante Lou und Rev. Ambrose vor. Nachdem sie ihm einen Kaffee angeboten hat, fragt sie ihn, wieso er sie bezüglich seines letzten Besuches bei Jefferson belogen hat. Anstatt zuzugeben, dass er gelogen hat, um ihre Gefühle nicht zu verletzen, besteht er darauf, die Wahrheit gesagt zu haben, sogar noch als Miss Emma ihm berichtet, dass sie Jefferson schlagen musste.
Einige Tage später hört er zufällig, wie Tante Lou und Emma deren letzten Besuch bei Jefferson diskutieren und erfährt, dass Miss Emma Jefferson geschlagen hat, weil dieser das unwürdige Schauspiel, die Imitation eines Schweines, wiederholt hat. Der Schauplatz verlagert sich dann wieder in die Küche, wo Rev. Ambrose und Tante Lou alles daran setzen, Miss Emma zu trösten, die durchsetzen will, dass Grant zurückgeht und Jefferson besucht.

ERLÄUTERUNG

Grants Charakter

In diesem Kapitel geht es vor allem um das Gespräch zwischen Grant und Miss Emma über Jeffersons Verhalten. Gaines enthüllt hier mittels der Dialoge einige weitere Charaktereigenschaften von Grant. Beachten Sie zum Beispiel, dass Grant nicht nach dem Grund fragt, als er von Miss Emma erfährt, dass sie Jefferson geschlagen hat. Er bleibt lieber still und hofft, so weitere Konfrontationen vermeiden zu können. Ferner ist zu bedenken, dass Grants Kommentar bezüglich Jefferson – „I do everything I know how to do to keep people like him from going there" (S. 109) – Bände spricht. Aber tut er das wirklich? Im Gegenteil – seine körperlichen Züchtigungen und sein Spott im Klassenzimmer, die er einsetzt um seine Schüler unter Kontrolle zu halten, tragen höchstens dazu bei, den institutionalisierten Rassismus aufrechtzuerhalten; er unternimmt keinen Versuch, seine Schüler zu motivieren oder ihnen zu helfen, die brutale Realität ihrer begrenzten Lebenswelt zu überwinden.

Grant weist jede Verantwortung von sich

Indem er sich auf Jefferson mit „people like him" bezieht, impliziert Grant, dass Jefferson weniger als andere Leute wert ist oder sich von ihnen unterscheidet. Tatsächlich leugnet er jegliche Verbindung zwischen sich und Jefferson und versucht sich damit jeder Verantwortung in der Angelegenheit zu entziehen. Kurz, er scheint völlig vergessen zu haben, dass Jefferson nicht nur ein ehemaliger Schüler von ihm und ein Freund der Familie ist, sondern auch ein schwarzer Kamerad und ein Teil der schwarzen Gemeinschaft – eine Person also, die dieselben Erfahrungen mit Rassismus und Bigotterie wie Grant selbst gemacht hat. Er fühlt keinerlei rassische oder auf die gemeinsame Herkunft gründende Verwandtschaft mit Jefferson. Im Endeffekt verortet er sich in einer ganz anderen Klasse.

Grants Absage an seine Verantwortung gegenüber Jefferson, seinem Mitmenschen, ist eine Reminiszenz auf die biblische Geschichte von Kain und Abel. Nachdem Kain seinen Bruder Abel umgebracht hat, fragt Gott ihn, wo Abel sei. Kain antwortet darauf mit der Frage, ob er der Hüter seines Bruders sei („Am I my brother's keeper?"). Diese Wendung ist in jeder Situation geläufig, in der eine Person die Verantwortung für jemand anderen von sich weist.

Wahrheit und Lüge

Das Kapitel gibt daneben eine wichtige Stellungnahme über die Natur von Wahrheit und Lüge ab: das Zurückhalten und Weglassen von Informationen ist dasselbe wie Lügen, und diese Art „truth is not accuracy."

Mardi Gras (S. 105)	(frz. für ‚fetter Dienstag'); alljährliches Festival am Dienstag vor Aschermittwoch, berühmt für seine üppigen Kostüme und die dekadente Party-stimmung, auch Faschingsdienstag genannt. Ursprünglich war es ein festliches Gelage vor Beginn der Fastenzeit, heute ist es ein weltliches Fest.
Roast nyers (S. 108)	geröstete Maiskolben.

Kapitel 17–18

ZUSAMMENFASSUNG

Am Freitag beginnen Grants Schüler mit den Planungen für die Weihnachtszeit, was Grant in eine mildere Stimmung versetzt. Bei seinem nächsten Gefängnisbesuch schlägt der junge Hilfssheriff Paul Bonin vor, dass sie sich mit dem Namen ansprechen könnten. Während seines Besuches versucht Grant Jefferson einzuschärfen, dass dieser eine Verantwortung gegenüber seiner Patentante habe. Dieses Mal lässt er Jefferson dessen grobes unzivilisiertes Gebaren nicht durchgehen. Er ignoriert Jeffersons Beleidigungen nicht und lässt ihn wissen, dass sein Verhalten inakzeptabel ist und fordert ihn auf, sich wie ein Mann zu benehmen. Augenscheinlich schockiert von Grants Haltung, lässt Jefferson seinen Kummer und Frust nach außen, er ist wütend und weint.

Grant erzieht Jefferson

Als Grant auf dem Weg aus dem Gerichtsgebäude ist, teilt Paul ihm mit, dass der Sheriff ihn sehen möchte. Nachdem dieser Grant zunächst für mehrere Minuten ignoriert und seine Unterhaltung mit seinen Kollegen weitergeführt hat, berichtet er ihm, dass Tante Lou, Miss Emma und Rev. Ambrose seine Ehefrau besucht und darum gebeten haben, Jefferson in einer angenehmeren Umgebung treffen zu können. (Später findet Grant heraus, dass die Frau des Sheriffs einen Präzedenzfall geschaffen hat, indem sie ihre Besucher eingeladen hat, in ihrem Wohnzimmer zu sitzen und ihnen von ihrem Hausmädchen Kaffee servieren ließ.)

Edna Guidry schafft einen Präzedenzfall

Obwohl der Sheriff anfänglich ärgerlich ist, weil er denkt, Grant habe die Gruppe um Miss Emma dazu aufgefordert, beruhigt er sich schließlich und beschließt, Jefferson selbst entscheiden zu lassen, ob er seine Besucher in der Zelle oder im Tagesraum treffen will.

Treffen im Tagesraum

Der Sheriff hält sein Versprechen, so dass Miss Emma, Tante Lou und Rev. Ambrose Jefferson bei ihrem folgenden Besuch im Tagesraum treffen. Auch Grants nächste Begegnung mit Jefferson findet im Tagesraum statt. Dieses Mal versucht Jefferson, ein Gespräch über seine anstehende Hinrichtung zu beginnen, aber Grant wechselt schnell das Thema. Als Jefferson aber den Anschein macht, wieder in seine untermenschliche Haltung abzugleiten, weist Grant ihn wiederum in die Schranken und versucht, ihm eine Lektion über moralische Pflichten zu erteilen. Danach trifft Grant sich mit Vivian im Rainbow Club und lässt sie spüren, dass sich etwas ändern wird.

ERLÄUTERUNG

Etwas ändert sich. In diesen beiden Kapiteln verändern sich die Beziehungen zwischen mehreren Figuren. Beachten Sie, dass alle Veränderungen mit einem persönlichen Gespräch zwischen den Charakteren beginnen. Auch wenn die Umwälzungen letztlich unter den Männern stattfinden, sind es doch die Frauen (Edna Guidry, Miss Emma, Tante Lou, Vivian), die dem Wandel den Weg bereiten.

17. Kapitel

Gespräche als Wegbereiter des Wandels

Das 17. Kapitel beinhaltet eine Reihe von Unterredungen zwischen Grant und Paul, Grant und Jefferson und Grant und Sheriff Guidry. Beachten Sie, dass es in allen drei Konversationen um Jefferson geht und dass jede Einzelne nicht nur eine Veränderung in der Beziehung der beiden Sprecher zueinander, sondern auch in deren Haltung gegenüber Jefferson, einleitet.

Im ersten Gespräch (zwischen Grant und Paul) erfolgt der Beziehungswandel zwischen den beiden Männern, wenn Paul sich selbst vorstellt und vorschlägt, dass er und Grant sich mit Namen ansprechen. Dies geht auch einem Umschwung im Verhältnis zwischen Schwarzen und Weißen voraus, manifestiert in der Bürgerrechtsbewegung. Die zweite Unterhaltung (zwischen Grant und Jefferson) lässt den Abwehrwall bröckeln, den Jefferson um sich aufgebaut hat, was seine Selbstwahrnehmung als ein menschliches Wesen, das Würde und Respekt verdient, wachsen lässt. Die dritte Unterredung (zwischen Grant und Sheriff Guidry) markiert eine kleine Veränderung zwischen Grant und dem Sheriff und eine große zwischen dem Sheriff und Jefferson: Indem er Jefferson die Wahl überlässt, ob er seine Besucher in der Zelle oder im Tagesraum sehen will, übergeht der Sheriff zum ersten Mal die Empfehlungen seiner Kollegen.

Grant baut eine Beziehung zu Jefferson auf

Auch Grant macht einen grundlegenden Wandel durch: Trotz seines Bemühens, abgeklärt und unberührt zu bleiben, träumt er, derjenige zu sein, der hingerichtet werden soll. (An seinem darauffolgenden Gespräch mit Vivian können wir ablesen, dass sich Grants Beschäftigung mit Jefferson auch auf sein Sexualleben auswirkt.) Daraus folgt konsequenterweise, dass Grant unbewusst beginnt, sich mit Jefferson zu identifizieren und die rassischen Bande, die ihn an seinen ‚Bruder' binden, anzuerkennen. Als Grants Verwandlungsprozess schließlich einsetzt, baut er allmählich Kontakt zu Jefferson auf und beeinflusst die Transformation der anderen mit. Beachten Sie jedoch, dass Grant sofort das Thema wechselt, als Jefferson endlich dessen Aufforderung zu reden nachkommt und seine bevorstehende Exekution anspricht. Das deutet darauf hin, dass Grant noch nicht genau weiß, wie er mit dem eigentlichen Problem umgehen soll.

18. Kapitel

Jefferson verändert sich

Im 18. Kapitel tritt die Kommunikation zwischen Grant und Jefferson auf eine persönlichere Stufe. Beachten Sie, dass Jeffersons physischer Ortswechsel vom Dunkel der Kammer in das Licht des Tagesraums seine spirituelle und intellektuelle Bewegung in Richtung Erleuchtung symbolisiert. Ausgestattet mit der Freiheit zu wählen, gelingt es ihm langsam, sich als Mensch zu sehen. Da Grant weiterhin Jeffersons Einsprüche abstreitet, dass er kein Mensch sei, kann dieser allmählich Selbstwertgefühl aufbauen: Er verschafft sich Geltung, indem er Grant und seinen philosophischen Gemeinplatz „We're all going to die" (S. 113) in Frage stellt und seinen Kummer, seine Wut und Frustration zeigt. Jefferson gelingt es endlich, seinen Geist und seine Gedanken zu kontrollieren. Auch wenn er gefesselt ist und ihm nur kleine Schritte möglich sind, schafft er es, nicht nur zu stehen, sondern sich in Richtung Bewusstsein, Selbsterkenntnis und geistige Freiheit zu bewegen.

Plarines (S. 111)	falsche Aussprache von „pralines"; Süßigkeit aus Pecannüssen, braunem Zucker und Ahornsirup.

Kapitel 19

ZUSAMMENFASSUNG

Die Weihnachtsfeier

Trotz nasskaltem Wetter haben sich die Leute der Siedlung in der Plantagenschule/kirche zur alljährlichen Weihnachtsfeier versammelt. Im Bewusstsein, dass das diesjährige Programm Jefferson gewidmet ist, treffen viele früh ein, und Grant stellt fest, dass viele anwesend sind, die früher niemals an einer Weihnachts- oder Abschlussveranstaltung teilgenommen haben. Unter den Versammelten der Kirchengemeinde sind auch Miss Rita Lawrence und ihr Enkel Bok, Farrell Jarreau und seine Frau Ofelia, Miss Eloise Bouie, Miss Emma und Tante Lou.

Nach Rev. Ambroses Anfangsgebet beginnt das Programm mit einigen Chorstücken. Die Highlights sind Odessa Freemans Rezitation von „Twas the Night Before Christmas" (S. 129), Albert Martins Aufsatz „The Little Pine Tree" und ein Krippenspiel. Nach Rev. Ambroses Abschlussgebet versammelt sich die Gemeinde hinter der Kirche bei Erfrischungen und Gesprächen. Grant folgt ihnen nicht, sondern sitzt auf einem Stuhl in der Kanzel, wo er alleine isst, und vorbeiblickt an den redenden und lachenden Leuten zu der kleinen Weihnachtskiefer und dem einen Geschenk für Jefferson, das gegen einen Eimer gelehnt ist.

ERLÄUTERUNG

Bedenken Sie, dass Grant alles – von der überwältigenden Teilnahme bis zum herrlichen Gesang der Kinder – eher dem Wetter als der Leute Sorge um Jefferson zuschreibt, obwohl es seine eigene Idee gewesen ist, die Veranstaltung Jefferson zu widmen. Das Kapitel stellt die schwarze Gemeinde und ihre Mitglieder vor und betont die Wichtigkeit von Ritualen und das Bedürfnis der Leute, ein Teil der Gemeinschaft zu sein.

Die Bedeutung von Ritualen und Gemeinschaftsgefühl

Das Verhältnis zwischen Miss Rita Lawrence und ihrem geistig zurückgebliebenen Enkel Bok ist ein Beispiel selbstloser Liebe. Miss Ritas Beharren, etwas zum Festprogramm beizusteuern, offenbart das menschliche Bedürfnis, einen Beitrag für die Gemeinschaft zu leisten, sich gebraucht und wertvoll zu fühlen. Die anderen bringen es nicht übers Herz, ihr Angebot auszuschlagen, auch wenn sie sich für ihr schäbiges graues Bettlaken schämen.

Grant steht allein; seine Gedanken kreisen um frühere Weihnachtsfeiern und um Jefferson. Auch wenn er denkt, das Programm ist genau wie all die vorherigen, erkennt er, dass es sich stark von ihnen unterscheidet. Das Theaterstück ist Bestandteil des Weihnachtsrituals; das Wiedererzählen der Geschichte von Jesu Geburt dient der Festigung des christlichen Glaubens. Zwar ist Jefferson physisch nicht anwesend, doch spüren die anderen seine Gegenwart. Somit hat er Anteil an den Feierlichkeiten der Gemeinde. Grant dagegen hat sich noch nicht wieder mit der Gemeinde zusammengefunden. Er steht noch immer allein, er hat seine Verantwortung, *für* die und *mit* der Gemeinde zu stehen, noch nicht angenommen.

Die Bevölkerung der Siedlung

Wir lernen, dass die Bevölkerung zwar arm an Materiellem, aber reich im Geiste ist. Es sind stolze, hart arbeitende Leute, die sich lieben, sich unterstützen und sich gegenseitig beschützen. Sie sind großzügig und bereit, ihren geringen Besitz mit anderen zu teilen. Ihre einfachen Ansprüche und ihre Grundwerte betreffen ihre Familien, ihre Gemeinde und ihr Bedürfnis nach geistiger Nahrung. Sie haben Probleme in ihren Familien oder Beziehungen, gehen damit aber so gut wie möglich um. Sie sind sich der Gewalt und des Rassismus in ihrer Umgebung bewusst, haben jedoch beschlossen, ihre Lebensfreude nicht vom Übel der Außenwelt trüben zu lassen.

crokersacks (S. 126)	Jutesäcke.
crackling (S. 127)	die gebräunte, knusprige Kruste von Schweinebraten; beim Ausschmelzen von Schweine- oder Geflügelfett bleibt dieser knusprige Teil übrig.

Kapitel 20–21

ZUSAMMEN-FASSUNG

Der Exekutionstermin ist festgesetzt

Es ist Ende Februar und Grant sitzt während der unterrichtsfreien Zeit in der Schule, um Arbeiten zu korrigieren. Mr. Farrell Jarreau kommt zu ihm, um ihm mitzuteilen, dass der Termin für Jeffersons Hinrichtung festgelegt worden ist und dass er und Rev. Ambrose in Henri Pichots Landsitz gerufen werden. Er überlässt Irene die Arbeit, steuert Grant Pichots Haus an und trifft dort auf Rev. Ambrose. Inez bietet ihnen Kaffee an und teilt ihnen mit, dass der Sheriff in Kürze erwartet wird. Einige Minuten später kommt sie mit der Information zurück, dass der Sheriff eingetroffen ist und die Männer sie im vorderen Salon sehen wollen. Sobald sie sitzen, informiert Sheriff Guidry sie, dass die Exekution für „Friday, April eighth, between noon and three" (S. 138) angesetzt worden ist. Er fragt, ob Miss Emma einen Arzt brauchen wird und bietet an, nach Dr. Sid Gilroy zu schicken, damit er nach ihr sieht, sobald er wieder in der Stadt ist. Als der Sheriff im Begriff ist zu gehen, erinnert ihn Rev. Ambrose an sein Angebot, woraufhin der Dr. Gilroy anruft, um einen Besuch bei Miss Emma zu arrangieren.
Beim Verlassen von Pichots Haus tröstet Rev. Ambrose Inez und bietet Grant an, ihn zu Miss Emma zu fahren; Grant lehnt ab und läuft in die entgegengesetzte Richtung los. Nachdem er an diesem Abend in der Schule seine Unterlagen abgeholt hat, stattet er Miss Emma einen kurzen Besuch ab. Danach fährt er nach Hause, um das zu essen, was Tante Lou für ihn zubereitet hat. Nach dem Abendessen kommt Vivian vorbei. Kurze Zeit später kehren die zwei zu Miss Em-

mas Haus zurück, wo sich jetzt noch mehr Leute versammelt haben, um ihre Unterstützung für Jeffersons Patentante auszudrücken, die sich krank ins Bett zurückgezogen hat. Nachdem Inez ihnen Kaffee eingeschenkt hat, bestellt sie Grant, dass Miss Emma ihn sprechen will. Miss Emma erklärt ihm, nicht zu wissen, wann sie Jefferson das nächste Mal wird besuchen können und dass sie hofft, er und Rev. Ambrose werden zusammenarbeiten.

Unterstützung für Miss Emma

Nach diesem Besuch gehen Vivian und Grant in den Rainbow Club, wo Grant Vivian seinen Kummer, seine Ängste und seinen Frust offenbart und ihr verdeutlicht, dass es Jeffersons Aufgabe ist, den Teufelskreis aus Hoffnungslosigkeit und Verzweiflung, der die schwarze Gemeinde quält, zu durchbrechen.

ERLÄUTERUNG

Die bevorstehende Exekution

In diesen beiden Kapiteln setzt Gaines den Fokus weiterhin auf die Energie und den Gruppenzusammenhalt in der schwarzen Gemeinschaft, indem er die enormen Auswirkungen darstellt, die Jeffersons bevorstehende Exekution auf die Leute in der Siedlung hat. Als Mr. Farrell Jarreau mit der Botschaft für Grant eintrifft, dass er vorne gebraucht wird, bemerkt Grant zwar, dass jemand anwesend ist, schließt aber erst die Benotung einer Arbeit ab, weil er denkt, einer seiner Schüler sei aus der Pause zurückgekommen. (Zu beachten ist, dass die Wendung „going to the front“, S. 134, auch in Bezug auf Krieg verwendet wird.) Als er Mr. Farrell als seinen Besucher erkennt, erscheint ihm dessen Aussehen „very small and very sad“ (S. 134). Als Mr. Farrell weggeht, nimmt Grant dessen gebückten Gang wahr. Außerdem muss er entdecken, dass Mr. Farrell nach Hause statt zurück zur Arbeit gegangen ist.

Auch hier spricht Gaines Einsatz von Dialogen und Details Bände. In der beschriebenen Szene zwischen Grant und Farrell erkennen wir, dass Jeffersons bevorstehender Tod Mr. Farrell persönlich nahe geht. In der Konsequenz ziehen wir daraus den unumstößlichen Schluss: Das Schicksal eines Mannes kann sich auf andere auswirken. Auch wenn Jefferson überzeugt ist, dass sein Leben wertlos ist, *hat* sein Leben doch Bedeutung und Wert.

Wandel und Veränderung

Grant und Rev. Ambrose in Pichots Salon

In den beiden Kapiteln werden die Themen Wandel und Veränderung weiterentwickelt. Beachten Sie, dass Rev. Ambrose und Grant von Sheriff Guidry und Henri Pichot im Salon erwartet werden und eben nicht mehr in der Küche. Wir können annehmen, dass sich Pichot (der sich offensichtlich des Präzedenzfalles, den Edna Guidry geschaffen hat, als sie Rev. Ambrose, Miss Emma und Tante Lou empfangen hat, bewusst ist) verpflichtet fühlt, ihrem Beispiel zu folgen, auch wenn er die traditionelle Südstaatengastfreundschaft nicht so weit ausdehnt, dass er den beiden Männern auch noch Kaffee anbietet. Nachdem sich Grant von der Überraschung, in Pichots Salon gebeten zu werden, erholt hat, scheint er aber enttäuscht darüber zu sein, dass Pichots Möbel alt und schäbig sind und somit sein Bild von der Erhabenheit des Pichot'schen Herrenhauses der Realität nicht standhalten kann. Bemerken Sie ferner, dass es abermals eine Frau ist, die den Wandel veranlasst. Wir ahnen, dass Sheriff Guidrys Frage, ob Miss Emma einen Arzt brauche, nicht unbedingt seiner ehrlichen Sorge um Miss Emma geschuldet ist (von der er nur als „the old woman", S. 138, spricht); er hat die Frage nur gestellt, weil seine Frau darauf hingewiesen hat, Miss Emma „might need a doctor" (S. 137). Obwohl er angeboten hat, Dr. Gilroy für eine Untersuchung zu ihr zu schicken, ruft er erst an, nachdem ihn Rev. Ambrose an sein Angebot erinnert hat. Das Hauptanliegen des Arztes ist nicht Miss Emmas Gesundheitszustand, sondern die Straßenverhältnisse in der Siedlung.

Grant ist über die kalte und berechnende Weise entrüstet, auf welche Jeffersons Tod von jenen weißen Männern beschlossen wurde. Jefferson ist nicht von einer Jury aus Standesgenossen, sondern von einer Gruppe weißer Rassisten, die ein schwarzes Leben als völlig gering erachten, verurteilt worden. Obwohl Grant vor Wut über die Ungerechtigkeit, die Jefferson widerfährt, kocht, wagt er es nicht, seine Gefühle öffentlich kundzutun. Er hat Angst davor, Miss Emma gegenüber zu treten und überlässt Rev. Ambrose die Überbringung der Neuigkeiten. Er malt sich „miles of clear blue water“ (S. 140) aus, an Stelle der Realität des trüben Flusses.

Grant ist ratlos

In seiner Unterhaltung mit Vivian im Rainbow Club erklärt Grant ihr die Tragödie schwarzer Männer in Amerika und wie nötig schwarzer Stolz und schwarze Würde sind. Er räumt ein, dass Jefferson derjenige sein muss, der den Teufelskreis aus Hoffnungslosigkeit und Verzweiflung durchbricht. Faktisch gibt er zu, dass er trotz seiner Bildung keinen Rat weiß, wie die erhofften Veränderungen herbeigeführt werden können. Es ist Jefferson, der für Miss Emma und die schwarze Gemeinde Hoffnung repräsentiert. Allein Jefferson ist fähig, die Würde, die Stärke und die Menschlichkeit der schwarzen Gemeinde zu demonstrieren und damit den Mythos von der weißen Vormacht als die erdrückende Lüge, die sie ist, zu enthüllen.

Ragball (S. 134)	Spiel, in dem ein Ball aus Lumpen einen richtigen Ball ersetzt. Die Erwähnung des Spiels unterstreicht die enorme Armut der schwarzen Gemeinde.

Kapitel 22–23

ZUSAMMEN-FASSUNG

Am Freitag besucht Grant Jefferson erstmals seit der Termin der Hinrichtung feststeht. Obwohl Paul anbietet, in der Nähe zu bleiben und ihn warnt, dass einiges anders sein könnte, versichert Grant ihm, dass alles gut gehen wird. Als sie sich sehen, erscheint Jefferson ihm ruhiger und kleinlauter als sonst. Er hat auch das Gefühl, dass er zum ersten Mal bereit ist, mit ihm zu sprechen. Grant geht dazu über, ihm die Neuigkeiten aus der Siedlung zu erzählen. Als er erwähnt, dass Gables Frau Stella ihr Baby bekommen hat, denkt Jefferson daran, dass er in dieser verhängnisvollen Nacht, in der er mit Brother und Bear im Spirituosengeschäft von Alcee Gropé gelandet ist, eigentlich mit seinem Freund Gable auf die Jagd gehen wollte. In der Hoffnung, Jefferson von diesen schmerzvollen Erinnerungen ablenken zu können, erzählt Grant ihm, dass Inez noch immer ihren Basar veranstaltet, jedoch ganz ohne Musik. Die Erwähnung der Musik führt zu einer Diskussion über „Randy's Record Shop" (S. 150), ein Radioprogramm, das Grant und Jefferson als Jungen gern gehört haben. Da Jefferson ein gewisses Interesse an dem Thema zeigt, und nachfragt, ob „Randys Record Shop" noch immer gesendet wird, bietet Grant ihm an, am nächsten Tag ein Radio zu bringen, damit er am Wochenende Musik hören kann. Um sein Wort zu erfüllen, macht sich Grant gleich zum Rainbow Club auf, wo er auf Vivian warten und etwas Geld von ihr leihen will. Aber nachdem er Claiborne und Thelma seinen Plan mitgeteilt hat, leiht er das Geld letztendlich von

Grant verspricht Jefferson ein Radio

ihnen und ihren Gästen. Danach begibt er sich in „Edwins Department Store“ (S. 151), um das Radio zu kaufen und geht dann wieder ins Gerichtsgebäude, um es an Paul zu übergeben, der ihm versichert, es Jefferson zu bringen. Mit sich zufrieden kehrt Grant in den Rainbow Club zurück, wo er Vivian zu treffen hofft.

Das Radio verursacht Probleme

Beim nächsten Besuch (am Montag) erfährt Grant von Paul, dass sich Jefferson das letzte Mal geweigert hat, Miss Emma, Tante Lou und Rev. Ambrose im Tagesraum zu sehen, weil er sein Radio nicht mit dorthin bringen durfte. Obwohl sie einverstanden sind, ihn in seiner Zelle zu sehen, werden sie von Jefferson ignoriert; er beschäftigt sich weiterhin ausschließlich mit seinem Radio, bis Miss Emma es ausschaltet. Als sie im Begriff sind zu gehen, ruft Sheriff Guidry sie in sein Büro und ermahnt sie, dass er keinen Ärger wolle und droht an, entweder die Besuche einzustellen oder das Radio wegzunehmen, falls es Probleme verursache. Miss Emma versichert, dass das Radio kein Problem darstelle und Sheriff Guidry fordert sie auf, mit Grant zusammenzuarbeiten.

Das Radio, die „sin box“

Später erhält Grant in der Schule die Nachricht, dass Tante Lou ihn bei Miss Emma erwarte. Als er eintrifft, wird er von Tante Lou, Miss Emma und dem Reverend beschuldigt, mit dem Radio Jeffersons Seele in Gefahr zu bringen, welches der Reverend als „sin box“ (S. 158) bezeichnet. Grant jedoch wendet ein, dass Jefferson das Radio brauche, um sich von seinem bevorstehenden Tod abzulenken. Die zwei Männer diskutieren, welche Vorzüge die Rettung seiner Würde beziehungsweise die Rettung seiner Seele hat.

Am folgenden Mittwoch hat Grant für Jefferson Äpfel, Süßigkeiten und Comic-Hefte sowie Erdnüsse und Pecannüsse von seinen Schülern dabei. Er überzeugt Jefferson, seine Besucher beim nächsten Mal wieder im Tagesraum zu treffen und bietet ihm an, ihm einen Notizblock und einen Bleistift mitzubringen, damit er seine Gedanken aufschreiben und alles notieren kann, was er gern während ihrer Besuche besprechen möchte. Als Jefferson ihm dankt und seine Hand schüttelt, ist Grant überglücklich.

ERLÄUTERUNG

Grant nimmt seine Verantwortung an

Seit der Termin für Jeffersons Exekution feststeht, hat sich Grants Haltung gegenüber Jefferson enorm gewandelt. Wir können vermuten, dass er plötzlich realisiert, wie nah Jeffersons Tod ist und er daher beschließt, alles ihm Mögliche zu tun, um ihm seine letzten Tage so angenehm wie möglich zu machen. Wir können außerdem mutmaßen, dass er plötzlich von der entsetzlichen Tragödie um Jeffersons Schicksal gepackt worden ist und sich der Kürze und Fragilität des Lebens bewusst wird, auch der Sinnlosigkeit und Bedeutungslosigkeit seines eigenen Daseins. Infolgedessen entdeckt er ein Gefühl für die Dringlichkeit seiner Mission, Jefferson dabei zu helfen, wie ein Mann zu sterben. Er nimmt die Verantwortung an und erkennt den Einfluss, den er auf Jeffersons Leben haben kann. Im Endeffekt wird Grant nun klar, dass seine Besuche bei Jefferson keine Bürde, sondern ein Privileg sind: Ihm ist die Möglichkeit gegeben, im Leben eines Mitmenschen eine tief greifende Veränderung herbei zu führen. Er nimmt die Gemeinsamkeit zwischen sich und Jefferson wahr und erkennt, dass er, trotz seiner Bildung, genauso gut derjenige hinter Gittern sein könnte.

Die Besuche bei Jefferson als Privileg

Jeffersons Radio

In diesen beiden Kapiteln gehört die Aufmerksamkeit Jeffersons Radio, das die Veränderungen in zahlreichen Charakteren beschleunigt. Für Jefferson bringt das Radio den Weckruf, der ihn wieder mit der Gemeinschaft verbindet, indem es seine Liebe zur Musik neu entzündet, was wiederum die Bedeutung von Musik (Kapitel 13) als geistige Nahrung und als Mittel gegen Leid bekräftigt.

Die Tatsache, dass es nicht um spirituelle Musik geht, repräsentiert hier die vermeintliche Gegensätzlichkeit von Geistigem und Weltlichem, von Glauben und Vernunft. Das Radio löst einen Konflikt zwischen Grant und Rev. Ambrose aus, der die beiden Männer schlussendlich zwingt, miteinander zu kommunizieren und ihre Vorstellungen bezüglich Jeffersons Bedürfnisse einander mitzuteilen. Es beleuchtet auch die Veränderungen, die in Grant vorgehen: Seine Entschlossenheit, das Radio für Jefferson zu bekommen, befähigt ihn, seinen Stolz beiseite zu lassen. Dies beweist er in seinem Umgang mit der weißen Verkäuferin in Edwin's Department Store oder mit seiner bereitwilligen Annahme des Beitrags von Thelma und Claiborne in demütiger Dankbarkeit oder mit seinem Entschluss, dem Drang zu widerstehen, des Sheriffs fehlerhafte Aussprache von „batteries" (S. 155) zu korrigieren.

Randy's Record Shop als verbindendes Element

Die Idee mit dem Radio kommt Grant in seiner Unterhaltung mit Jefferson über die Sendung „Randy's Record Shop", die sie beide als Jungen, die in der Siedlung aufgewachsen sind, gehört haben. Somit steht das Radio nicht nur für ein Verwandtschafts- oder Verbundenheitsgefühl zwischen den zwei Männern, es ist auch eine Verknüpfung mit ihrer Vergangenheit, in der beide dieselben einfachen Freuden der Jugend genossen. Wir können vermuten, dass Grant mit diesen Blicken in die Vergangenheit realisiert, dass er es allein dem Schicksal und glücklichen Umständen zu verdanken hat, dass es ihm nicht wie Jefferson ergangen ist; er hatte die Möglichkeit, den engen Grenzen seiner Lebenswelt zu entfliehen und eine eigene Wahl zu treffen, Jefferson dagegen nicht.

Grant begegnet Jefferson als Freund

Mit dieser Erkenntnis ist er zum ersten Mal in der Lage, Jefferson als Freund zu begegnen, anstatt ihn als einen dieser Leute zu sehen, die verdienen, was sie bekommen haben.

Hier verschmilzt Gaines erneut Fiktion und Realität. In einem Interview hat er einmal gesagt, dass er als Junge selbst oft die Sendung „Randy's Record Shop" in seiner Siedlung gehört hat.

Der angesehene Kritiker und Schriftsteller Henry Louis Gates Jr. erinnert sich in seiner Autobiographie: „If prime time [television] consisted of images of middle-class white people who looked nothing at all like us, late night was about the radio, listening to ‚Randy's Record Shop' from Gallatin, Tennessee ... In 1956, black music hadn't yet broken down into many subgenres, except for large divisions such as jazz, blues, gospel, rhythm and blues."

Beachten Sie, dass Jefferson im 23. Kapitel psychische Freiheit (das Radio) der physischen Freiheit (dem Tagesraum) vorzieht. Auch die Bezugnahme auf die Bibel (‚Es werde Licht') spiegelt Jeffersons Erleuchtung wider. Wir bemerken auch eine veränderte Haltung Sheriff Guidrys gegenüber Grant; er erkennt Grants führende Rolle in der Sorge um Jefferson an und ermahnt Miss Emma und Rev. Ambrose, mit Grant zusammenzuarbeiten und lässt sich von ihnen versichern, dass das Radio kein Störfaktor sei.

Kapitel 24–26

ZUSAMMENFASSUNG

Nachdem Grant in einem Laden noch den versprochenen Notizblock und den Bleistift für Jefferson besorgt hat, trifft er sich mit Miss Emma, Tante Lou und Rev. Ambrose vor dem Gerichtsgebäude. Da Paul nicht da ist, werden sie vom zuständigen Hilfssheriff durchsucht und zum Tagesraum geleitet. Sobald Jefferson herein gebracht ist, deckt Miss Emma den Tisch und trägt ihr Spezial-Gumbo auf, aber Jefferson weigert sich zu essen. Da Grant Miss Emmas Enttäuschung spürt, bittet er Jefferson, ein bisschen mit ihm spazierenzugehen.

Grants Lektion über Freundschaft und Heldentum

Während sie im Raum umhergehen, erklärt er Jefferson, dass er sein Freund sein wolle und dass ein Freund jemand sei, der alles daran setzt, den Freund zu erfreuen. Dann bittet er Jefferson, auch seiner Nannan ein Freund zu sein, indem er etwas von ihrem Gumbo isst. Jefferson antwortet mit einem schwachen Nicken.

Grant will Jefferson sein Selbstwertgefühl zurückgeben

Grant fährt fort und macht Jefferson klar, dass er ihn als Helden sehen will und dass ein Held jemand ist, der etwas für andere tut. Grant ist nun fest entschlossen, Jefferson davon zu überzeugen, dass er ein Mensch ist, der Würde und Respekt verdient. Daher macht er ihm deutlich, dass der Mythos von der weißen Vormachtstellung von den Weißen erschaffen worden ist, um die Schwarzen zu unterjochen und zwingt ihn, hinter den Mythos zu schauen, damit er seinen Selbstwert erkennt und zurückgewinnt.

Als Jefferson weint, realisiert Grant, dass er ihn endlich erreicht hat. Zur Verdeutlichung seines Standpunktes führt er das Beispiel von Mr. Farrell an, der aus einem Stück Abfallholz eine Schleuder baut, und erklärt ihm, dass alle Menschen wie ein Stück Treibholz sind, bis sie sich entschließen, etwas Besseres zu sein. Da Jefferson nicht aufhört zu weinen, führt Grant ihn zurück an den Tisch, damit er etwas vom Gumbo seiner Nannan essen kann.

Die Entscheidungsfreiheit des Einzelnen

Im Anschluss an ihren Besuch bei Jefferson kehren Rev. Ambrose, Tante Lou und Miss Emma in die Siedlung zurück. Grant begibt sich in den Rainbow Club, begierig darauf, Vivian zu begegnen und ihr von seinem Durchbruch mit Jefferson zu berichten. Während er auf Vivian wartet, hört er zwei mulattische Maurer sehr laut reden. Als er entdeckt, dass sie über Jefferson sprechen, beschließt er, ihre haarsträubenden Kommentare zu ignorieren, sein Glas zu leeren und hinauszugehen. Dann jedoch kann er seinen guten Entschluss nicht halten und gerät in eine Wirtshausschlägerei, die abrupt endet, als Claiborne ihn nach mehrfachen vergeblichen Aufforderungen, mit dem Prügeln aufzuhören, niederschlägt. Als er wieder zu sich kommt, steht Vivian über ihm und überzeugt ihn, mit nach Hause zu gehen.

Die Prügelei im Rainbow Club

Als Vivian ihn für sein Benehmen rügt, wendet Grant ein, dass er „just couldn't help it" (S. 179), aber Vivian stellt klar, dass er die Wahl gehabt hat: Er hätte einfach hinausgehen können. Nachdem sie seine Schrammen inspiziert hat, besteht sie darauf, dass er über Nacht bleibt. Grant protestiert mit dem Einwand, dass seine Anwesenheit ihr Ärger in der Arbeit und mit ihrem Noch-Ehemann einbringen könnte. Vivian jedoch erklärt, dass sie bereits Ärger hat, und kümmert sich weiter gelassen um ihr Abendessen. Während sie arbeitet, berichtet

Grant „just couldn't help it"

sie Grant von ihrem kürzlich erfolgten Gespräch mit ihrem Ehemann und Grant erzählt von seinem Besuch bei Jefferson. Da er merkt, dass sie noch immer böse auf ihn ist, versucht er, sie zu bezirzen. Als seine Taktik scheitert, kündigt er an zu gehen. Dieses Mal versucht Vivian nicht, ihn aufzuhalten; stattdessen explodiert sie und wirft ihm vor, dass er, wenn er sie liebte, Rücksicht auf ihre Gefühle nähme und sich nicht mit unbesonnenem Verhalten in Lebensgefahr brächte. Grant eilt zur Tür. Als er aber hinaus in die Dunkelheit blickt, begreift er, dass Wegrennen nicht die Lösung ist und geht zurück zu Vivian, um sie um Verzeihung zu bitten.

Streit mit Vivian

ERLÄUTERUNG

Diese drei Kapitel bilden die Basis für die entstehende Freundschaft zwischen Grant und Jefferson. Mit seiner Zustimmung zu einem kurzen Besuch mit Miss Emma, Tante Lou und Rev. Ambrose, zeigt Grant seine Bereitschaft, sich Miss Emmas Wünschen zu fügen und das zu tun, was am Besten für Jefferson ist. Sein Wunsch, Vertrauen zwischen sich und Jefferson aufzubauen, wird auch daran deutlich, dass er es in Kauf nimmt, zu spät zum vereinbarten Treffpunkt mit den anderen zu kommen, nur weil er noch den versprochenen Notizblock und den Bleistift für Jefferson in einem Geschäft besorgen will. Er beweist seine Bereitwilligkeit, mit Jefferson von Mann zu Mann zu reden, indem er ihn mit „partner" (S. 165) anspricht und ihn fragt, ob er sein Freund sein will, womit er ebenso demonstriert, dass Jefferson Respekt verdient.

Freundschaft zwischen Grant und Jefferson

Auch erkennen wir nun zwei Charaktermerkmale Grants, die er vorher nicht gezeigt hat: Geduld und Mitgefühl. Anstatt Jefferson wegen seines Verhaltens zu belehren, nimmt er ihn zur Seite und erklärt ihm, wie sein Benehmen Miss Emma verletzt und was er

Geduld und Mitgefühl als neue Charaktereigenschaften Grants

tun kann, um ihren Schmerz zu lindern. Schließlich lehrt er Jefferson drei wichtige Lektionen über Freundschaft, Heldentum und die zerstörerische Macht von Rassenmythen. Dabei definiert er diese Ideen nicht in abstrakten Worten, sondern mit Hilfe von Beispielen und Entsprechungen. Um seine Lehren zu unterstreichen, bezieht er sie auf Jeffersons Lebenserfahrungen, womit er verdeutlicht, wie diese scheinbar abstrakten Konzepte für ihn persönlich gelten. Zum Beispiel beschreibt er ihm, um das Konzept von Freundschaft verständlich zu machen, was er tun kann, um seiner Patentante ein Freund zu sein. Die Vorstellung von Heldentum veranschaulicht er, indem er herausstellt, dass ein Held keine außerordentliche Person ist, sondern ein ganz normaler Mensch, der sich für andere einsetzt, zum Beispiel indem er gegen Ungerechtigkeit Stellung bezieht. Um ihm klarzumachen, dass Menschen die Macht, das Potential und die Verantwortung haben, ihr Leben selbst zu gestalten, erinnert Grant Jefferson an die Schleuder, die Mr. Farrell für ihn aus einem Stück Treibholz gemacht hat. Wir schlussfolgern daraus, dass Grant endlich ein Lehrer im wahrsten Sinne des Wortes wird – statt die anderen mit Gewalt und Spott zum Lernen zwingen zu wollen, bemüht er sich nun, in ihnen den Wunsch zum Lernen zu wecken und zu fördern. Eigentlich erteilt er eben die Lektion über moralische Pflichten und persönliche Verantwortung, die er schon früher geben wollte (siehe Kapitel 18). Dieses Mal aber versteht Jefferson sie auch und antwortet, eben weil Grant sich die Zeit nimmt, eine auf Vertrauen und Respekt gründende persönliche Beziehung aufzubauen, eine solide Verknüpfung zwischen seiner Lektion und Jeffersons Lebensumständen herzustellen, eine verständliche Alltagssprache zu gebrauchen und Jefferson mit einem Referenzrahmen auszustatten, der die Lektion für ihn relevant und für ihn persönlich anwendbar macht. Kurz, indem Grant zu Jefferson durchdringt, dringt er auch zu seiner ihm eige-

Freundschaft, Heldentum, Rassenmythen

Moralische Pflichten und persönliche Verantwortung

nen inneren Fertigkeit vor, anhand von Beispielen und praktischen Anwendungen zu lehren.

Grants Zorn siegt über seine Vernunft

Unglücklicherweise muss Grant selbst noch einige harte Lektionen erfahren, wie es seine Begegnung mit den zwei Mulatten im Rainbow Club offenbart. Kurz nachdem er Jefferson die Vorzüge der persönlichen Wahl und Verantwortung erklärt hat, lässt er seinen Ärger über die zwei Maurer die Oberhand über seine bessere Einsicht gewinnen. Er macht die Angelegenheit noch schlimmer, indem er seinen Fehler nicht eingesteht und sein Verhalten stattdessen zu begründen versucht, schließlich ärgerlich wird, als Vivian ihm vorwirft, dass er keine Rücksicht auf ihre Gefühle nimmt, wenn er sich mit unbedachtem Verhalten in Lebensgefahr stürzt. Trotz ihrer Erklärungen sieht er die Verbindung zwischen seinem Verhalten und dem Jeffersons nicht, und begreift auch nicht, dass er ebenfalls wegen Mordes im Gefängnis hätte landen können, wenn Claiborne und Vivian nicht zur Stelle gewesen wären, die Situation entschärft und ihm zuliebe dazwischen gegangen wären.

Gumbo (S. 165)	ein dicker, herzhafter Eintopf mit variierbaren Zutaten, wie Fleisch, Gemüse und Fisch.
Their forefathers said that we're only three-fifths human (S. 168)	Dieser Kommentar Grants bezieht sich auf den „three-fifth compromise" in der US-Verfassung. Nach diesem Kompromiss, der geschaffen wurde, um die Nord- und die Südstaatler zu besänftigen, wurde zugestimmt, Vertreter und direkte Steuern „by adding to the whole Number of free Persons, including those bound to Services for a Term of Years, and excluding Indians not taxed, three fifth of all other Persons" zu bestimmen. Auch wenn in der Verfassung das Wort „slavery" nicht auftaucht, werden in dieser Klausel immer drei Sklaven für jeweils fünf Nicht-Sklaven (Weiße) gezählt, um ihre Repräsentanten zu ermitteln.

Kapitel 27

ZUSAMMENFASSUNG

Es ist Sonntag und Grant sitzt in seinem Zimmer, korrigiert Arbeiten und hört der Musik zu, die von der Kirche kommt. Während er arbeitet, hört er Tante Lou und ihre Freunde von der Kirche zurückkommen. Nur Minuten später klopft Tante Lou an seine Tür und richtet ihm aus, dass Rev. Ambrose mit ihm sprechen will. Grant bittet den Reverend zu sich und die zwei debattieren über die Vorzüge der Religion beziehungsweise der Bildung. Rev. Ambrose versucht ihn zu überzeugen, ihm bei der Rettung von Jeffersons Seele beizustehen.

ERLÄUTERUNG

Bildungskonzepte

In ihrer Diskussion über die Aufgaben der Bildung stellen Grant und Rev. Ambrose ihre gegensätzlichen Blickwinkel klar heraus. Grant verbindet Bildung mit einer Arbeitsstelle und einem möglichen Entkommen aus der erdrückenden Armut der Gemeinde. Für Rev. Ambrose repräsentiert Bildung die Möglichkeit, Wissen zu erlangen, sie bringt die Verantwortung mit sich, das Wissen einzusetzen, um anderen zu helfen.

Belesenheit vs. emotionale und praktische Intelligenz

Die Kontroverse der beiden Männer erreicht einen Höhepunkt, wenn Grant erklärt, „I went to college“ (S. 188) und Rev. Ambrose kontert mit „But what did you learn?“ (S. 188). Laut Reverend wird man nicht durch einfache Wissensaufnahme, durch Belesenheit, zu einer gebildeten Person. Da Grant keine Bemühungen gezeigt hat, sein Wissen dafür einzusetzen, das Leben von anderen zu bereichern, will Rev. Ambrose ihn auch nicht als gebildeten Mann anerkennen.

Grants Situation gibt das Problem vieler gebildeter Schwarzer wieder, die glauben, ihre Schulbildung habe sie von ihrer Kultur und ihrer Gemeinde entfremdet. Obwohl Grant einen Universitätsabschluss hat, fehlt ihm die Intelligenz (der Menschenverstand), um erfolgreich mit Alltagsbelangen umzugehen. In anderen Worten: Er ist verbildet. Anstatt ihn auf die Unterrichtung seiner Schüler vorzubereiten, hat ihn seine Ausbildung nur dazu gebracht, auf Ungebildete wie Jefferson und Rev. Ambrose hinabzublicken. Wenn Rev. Ambrose Grant fragt „What did you learn?“, bringt er seine Geringschätzung für ein Bildungssystem zum Ausdruck, das es versäumt, schwarze Amerikaner mit einer Erziehung auszustatten, die es ihnen ermöglicht, als gebildete Bürger zu fungieren, die Führungsrollen in ihren Gemeinden übernehmen. Seine Position gibt die des Historikers Carter G. Woodson (1875–1950) wieder, der argumentierte, dass das amerikanische Bildungssystem so gestaltet ist, dass es den Verstand der Schwarzen versklavt, um den Mythos der schwarzen Minderwertigkeit aufrecht zu erhalten. In seinem wegweisenden Buch *The Mis-Education of the Negro* konstatiert er:

Grant ist ‚verbildet'

Das US-Bildungssystem als Förderer des Mythos' der schwarzen Minderwertigkeit

> „Taught the same economics, history, philosophy, literature, and religion which have established the present code of morals, the Negro‘s mind has been brought under control of his oppressor. The problem of holding the Negro down, therefore, is easily solved. When you control a man‘s thinking you do not have to worry about his actions ... The Negro thus educated hopeless liability to the race. The difficulty is that the ‚educated‘ Negro is compelled to live and move among his own people whom he has been taught to despise.“

Beachten Sie, dass sich Woodsons und Rev. Ambroses Bildungsansichten enorm von der im ersten Kapitel von Jeffersons Verteidiger vorgebrachten unterscheiden. Erinnern Sie sich daran, dass der Verteidiger Jefferson als unzivilisiert und ungebildet abstempelt, weil dieser nicht mit den Werken von Byron, Shelley und Keats vertraut ist. Für den Akademiker Grant, so können wir annehmen, sind diese Autoren durchaus ein Begriff – dennoch ist er aus einer praktischen und menschlichen Perspektive immer noch ungebildet.

Der Wert der Wahrheit

Bedeutungsvoll ist auch Rev. Ambroses offenherzige Auskunft, dass er bedenkenlos lügt, wenn er damit die Gefühle der anderen schützen kann, was voraussetzt, dass er auf eine höhere oder tiefere Wahrheit reagiert. Geht man von der gesellschaftlichen Doktrin vom heiligen Wert der absoluten Wahrheit aus, können wir annehmen, dass die Enthüllungen des Reverends Grant schockieren. (Bedenken Sie z. B. das biblische Sprichwort ‚Die Wahrheit wird Euch frei machen' oder Keats' Behauptung „truth is beauty" in *Ode to a Grecian Urn.*) Wir können allerdings auch annehmen, dass Grant nun zum ersten Mal in der Lage ist, den Reverend auf Grund seines Kommentars als einen Menschen zu sehen, der fehlbar ist.

You think a man can't kneel and stand? (S. 189)	Rev. Ambroses Frage erhält zusätzliche Bedeutung, wenn wir uns Miss Emmas Anmerkung bezüglich Henri Pichot im dritten Kapitel ins Gedächtnis rufen: „I'll be on my knees next time you see me, Mr. Henri." (S. 24). Gestärkt durch ihren Glauben, ihren Mut und ihre heftige Liebe zu Jefferson, ist Miss Emma zu „kneel and stand" fähig. Grant hat seine Lektion erst noch zu lernen: Ergebener Dienst kann mit Würde und Wert geleistet werden, wenn die Person, die ihn ausübt, und die zugrundeliegende Ursache Würde und Wert ausstrahlen.

Kapitel 28

ZUSAMMEN-FASSUNG

Bei seinem nächsten Besuch überzeugt Grant Jefferson, mit Rev. Ambrose zu sprechen. Sie diskutieren über Gebete und Sterben. Jefferson bietet Grant eine Süßkartoffel an.

ERLÄUTERUNG

Jefferson erkennt sein Menschsein an

Dieses Kapitel ist eines der wirkmächtigsten in diesem Roman: Jefferson akzeptiert sein Menschsein und Grant ist klar geworden, dass er selbst die Würde jedes Individuums anerkennen muss und dass auch er diejenige Haltung mitgetragen hat, die sein Volk klein gehalten hat.

Insgesamt erkennen wir drei sehr wichtige Lektionen, die in diesem Kapitel geboten werden: über moralische Verpflichtungen, den Wert von Bildung sowie die Rolle und die Verantwortlichkeit von Lehrern.

Annahme der moralischen Verpflichtungen

Jefferson und Grant akzeptieren ihre moralischen Verpflichtungen. Grant tut das, worum ihn der Reverend gebeten hat, jedoch lügt er Jefferson bezüglich seines Glaubens nicht an. Er versichert ihm, dass er an Gott glaubt, fügt aber hinzu, dass er nicht von einem Leben nach dem Tod und ewigem Seelenheil überzeugt ist. Jefferson erkennt seine moralischen Verpflichtungen: „to take the cross" (S. 196) für die ganze Gemeinde und er muss seiner Nannan dafür danken, dass sie ihm die Hoffnung auf ein Wiedersehen im Himmel gibt. Die Tatsache, dass Jefferson Grant eine Süßkartoffel anbietet, symbolisiert, dass Jefferson sich nun endlich als menschliches Wesen begreift, das etwas weiterzugeben hat. Er kann der Gemeinde nun etwas zurückgeben. Er hat seine Lektion gelernt: Er ist ein Mann und kein Schwein. Jefferson macht Grant nicht länger für seine Situation verantwortlich. Indem er ihm eine Süßkartoffel anbietet, demonstriert er seine Versöhnlichkeit und seine Zuneigung für Grant. Die Süßkartoffel ist zwar sein einziger Besitz, aber er ist bereit, sie mit Grant zu teilen, weil er nun erkennt, dass Grant ihm geholfen hat, seine Menschlichkeit wieder zu erlangen.

Der Wert von Bildung

Was den Wert von Erziehung betrifft, müssen wir zunächst festlegen, was Grundfertigkeiten ausmacht: Sind es Lesen, Schreiben, Rechnen oder sind es eher die für das bloße Überleben in einer unwirtlichen Umgebung notwendigen Fähigkeiten, die es einem aber nicht ermöglichen, in dieser Umwelt aufzusteigen? Was bringen Grundfähigkeiten, wenn sie sich nicht auf eine Arbeitsstelle und damit in wirtschaftlichen Erfolg übertragen lassen? Schülern wird für gewöhnlich beigebracht, dass sie ihre Grundfertigkeiten beherrschen müssen, damit sie eine gute Arbeitsstelle finden. Aber was ist die Motivation für diese Schüler? Wenn sie feststellen müssen, dass die Jahre der Ausbildung letztlich wirtschaftlich bedeutungslos sein werden, wie sollen sie dann den spezifischen Wert von Bildung erkennen? Dieses Kapitel greift die Punkte noch einmal auf, die im Roman bezüglich Wissen (Informationen) gegenüber Bildung (Schulbildung) und Weisheit (intuitives Wissen und Menschenverstand) angesprochen worden sind.

Die Rolle und Verantwortlichkeit von Lehrern

Ein Lehrer ist nicht notwendigerweise ein Professor oder jemand, der nur Schulgelehrsamkeit zu bieten hat. Ein Lehrer ist jemand, der Wissen und Erfahrungen mit anderen teilt und jemand, der sich bemüht und einem anderen dabei hilft, seine Selbstwahrnehmung aufzubessern. Tatsächlich unterrichtet auch Jefferson Grant, genauso wie Grant Jefferson unterrichtet. Ihr Verhältnis macht deutlich, dass eine Person Veränderungen bewirken kann, wenn sie nur ein anderes Individuum zu erreichen versucht – ein Ansatz, der auch in der Philosophie der *National Association for the Advancement of Colored People* zum Ausdruck kommt: „Each one, teach one."

Jeffersons Einwirken auf die Gemeinschaft

In diesem Kapitel wird erneut Jeffersons Rolle in Bezug auf den Wandel der schwarzen Gemeinde mit der Rolle Christi in der Errettung aller Menschen, einschließlich der schwarzen Gemeinschaft, verknüpft und bekräftigt. Es ist geplant, dass Jefferson an einem Freitag stirbt, was eine Rückberufung auf Karfreitag ist. Er erinnert sich, dass Jesus „never said a mumbling word" (S. 193). Diese Szene kann parallel zu Christi Todesangst im Garten gesehen werden. Jefferson wird bewusst, dass er aufgefordert ist, das Kreuz zu nehmen: „You're cross, nannan's cross, my own cross ... Y'all axe a lot, Mr. Wiggins ... Who ever car'd my cross?" (S. 196). Jefferson konfrontiert Grant mit seiner Mitschuld an der Idee, Jefferson sei weniger wert als „youman" (S. 196). Grant lässt seinen Kopf sinken, vermutlich beschämt, und gesteht seinen Fehler ein: „My eyes were closed before this moment, Jefferson. My eyes have been closed all my life. Yes, we all need you. Every last one of us" (S. 197).

Kapitel 29

ZUSAMMENFASSUNG

Jefferson hält seine Gedanken und Gefühle in seinem Tagebuch fest, während er seine drohende Exekution erwartet.

ERLÄUTERUNG

Historisch gesehen sind Briefe und Tagebücher immer ein wichtiges Medium gewesen, um soziale und politische Ereignisse festzuhalten. In erster Linie verfasst, um die persönlichen Gefühle, Aktivitäten, Überlegungen und Beobachtungen des Schreibers zu fixieren, weisen diese Dokumente eine aufrichtige Ehrlichkeit und Offenheit auf, die in zur Veröffentlichung bestimmten Schriftstücken nicht auftauchen. Beispiele sind Dr. Martin Luther King Jrs *Letter from Birmingham* (geschrieben auf Papierfetzen, die die schwarze Gefängnisangestellte King zukommen ließ) und das *Tagebuch der Anne Frank*.

Jeffersons Tagebuch

Jeffersons Tagebuch ist sein Vermächtnis. Er wird kein Land, keinen Besitz, keine Kinder oder materiellen Reichtum hinterlassen, sein Tagebuch ist der einzige Beleg für seine Existenz. Indem er seine Gedanken und Gefühle in Erwartung der Hinrichtung aufschreibt, schreibt er sich letztlich selbst in die Geschichte ein. Sein Tagebuch ist ein historisches Dokument, eine Primärquelle, die einen persönlicheren Zugang zum Leben eines jungen schwarzen Mannes bietet, der auf einer Südstaatenplantage aufgewachsen ist und nun in einem Todestrakt in Louisiana einsitzt. Jeffersons Tagebuch hält die Geschichte in seinen eigenen Worten fest und kann daher mit den frühen Sklavengeschichten verglichen werden, den entsetzlichen Erlebnissen, die ehemals versklavte Afrikaner niedergeschrieben und wiedererzählt haben. Beispiele solcher Sklavenerzählungen sind Harriet Jacobs' *Incidents in the*

Life of a Slave Girl und Frederick Douglass' *Narrative of the Life of Frederick Douglass*.

Positive Grundhaltung

Trotz seiner schrecklichen Lage schildert Jefferson mit den meisten Einträgen positive Erlebnisse: die regelmäßigen Besuche von Miss Emma, Tante Lou, Rev. Ambrose und Grant und die Überraschungsbesuche von Grants Schülern und von Leuten aus der Siedlung. Wir können die Bedeutsamkeit der aufgeschriebenen Ereignisse an der Länge der Einträge abschätzen, eben weil ihm nur noch so wenig Zeit bleibt. Daher können wir vermuten, dass ihm die Besuche der Kinder und die der alten Leute mit am meisten bedeutet haben. Wir können ebenso annehmen, dass er seine Kindheitserinnerungen hoch schätzt, genauso wie die kleinen Geschenke, die er von anderen erhält und die ihm das Gefühl geben, geliebt zu werden, besonders der Kuss Vivians und die Murmel von Bok.

Obwohl Jefferson sich des finsteren Motives von Sheriff Guidry bewusst ist, als der ihm „a teeny perl hanly nife" (S. 200 f.) gibt, geht er dennoch nicht näher auf diesen Zwischenfall ein. Stattdessen beschreibt er detailliert den letzten Besuch seiner Patentante und sein „last supper" (S. 203 f.), das er sich selbst gewünscht hat und das kein *Schnellgericht* (eine Galone Vanilleeis), sondern *Seelennahrung* war (ein besonderes, hausgemachtes Mahl von seiner Nannan). Beachten Sie, dass er als Dessert eine kleine Portion Eiscreme und einen Moon Pie (einen mit Schokolade überzogenen doppelten Schokoladenkeks mit einer Marshmallowcremefüllung) bekommt. Daran, dass er diese Speisen als Kind geliebt hat, erkennen wir, dass er sich trotz seiner mentalen, psychischen und emotionalen Weiterentwicklung doch noch einen Teil seiner Kindheit bewahrt hat. Wir können zudem vermuten, dass er trotz seiner qualvollen Erlebnisse ein Stück weit seine kindliche Liebe und sein Vertrauen behalten hat. Folglich hat Jefferson eine ausgeglichenere Lebenssicht erlangt, die sowohl seine Kindheitsträume als auch die Lebensrealität seines Erwachsenenalters umschließt.

In seinem Tagebuch drückt er intime Gefühle aus, die er vorher nicht in Worte fassen konnte, wie die Liebe zu seiner Patentante, seine Zuneigung für Grant und seine Angst vor dem Sterben. Mit seinen Gedanken allein ist er zum ersten Mal in der Lage, seinen Anteil an den tragischen Geschehnissen rund um die Ermordung Alcee Gropés anzuerkennen und die Verantwortung für seine Taten zu übernehmen, stets in der Annahme, er hätte eine Wahl in dieser verhängnisvollen Nacht gehabt. Er erkennt, dass er nicht nur schuldig ist, weil er „at the wrong place at the wrong time“ (S. 10) war, wie sein Verteidiger im ersten Kapitel vorträgt, sondern auch schuldig, weil er auf sein Wahlrecht verzichtet hat, beziehungsweise auf sein Recht, auch die falsche Entscheidung zu treffen. Folglich stellt er fest, dass es irgendwann einen Punkt in seinem Leben gegeben hat, ab dem sein Leben vielleicht anders verlaufen wäre, hätte er eine andere Entscheidung getroffen. Sobald er fähig ist, diese Tatsache anzunehmen, ist er auch bereit, seinen Hass gegenüber seinen Kidnappern aufzugeben und sein Schicksal mit Anstand und Würde zu tragen.

Jeffersons Erkenntnis

Wenn wir sein Tagebuch lesen, erkennen wir in Jefferson einen sensiblen, intelligenten und in sich gekehrten Mann (Mr. Farrell Jarreau nicht unähnlich), dessen Chance auf ein ausgefülltes und bedeutungsvolles Leben von Armut und Rassismus unterdrückt wurde. Wir sehen ihn nicht nur als einen ungebildeten, inhaftierten Schwarzen, sondern als Jemandes Sohn oder Jemandes Freund. Wir sehen ihn nicht als nur eine weitere Nummer in der Verbrechensstatistik, sondern als einen hart arbeitenden, lebenslustigen jungen Mann, der die einfachen Freuden genießt, wie Musik hören und Schwelgen in der Schönheit der Natur, als jemanden, der Kinder liebt und gern das selbstgemachte Essen von seiner Patentante isst.

Neue Außensicht auf Jefferson

Wir nehmen auch die große Wirkkraft von Grants wohlüberlegtem, aber scheinbar einfachen Geschenk wahr: indem er Jefferson einen Bleistift und einen Notizblock überreicht, schenkt er ihm gleichzeitig Sprache und die Möglichkeit der Selbstdarstellung, was wir als wichtiges Thema in diesem Roman erkannt haben. Jefferson hat die Chance, eine Lektion und ein Vermächtnis für spätere Generationen zu hinterlassen, indem er für die einfachen Leute selbst zu einem Teil der Geschichte wird. Mit seinem Tagebuch, das ihn als ein lebendiges Mitglied seiner Gemeinde ausweist, wurde Jefferson zu einem Helden des Alltags, dessen Geschichte es verdient, erzählt zu werden, und der die Verantwortung, seine Geschichte in seinen eigenen Worten zu erzählen, angenommen hat. Jefferson hat zwar nicht den Status oder das Ansehen eines Joe Louis oder eines Jackie Robinson erreicht, indem er aber auf seine Gemeinde zugegangen ist und sich wieder mit ihr verbunden hat, hat er gelernt, standhaft zu sein und seine Menschlichkeit zurückzugewinnen trotz einer entmenschlichenden Umwelt, die darauf aus ist, seine ganze Seele zu zerstören. Infolgedessen steht Jeffersons Leben als ein Beleg für den andauernden Kampf um Liebe, Akzeptanz, und Überleben in einer oft einsamen und unfreundlichen Welt.

Jefferson erhält eine Stimme

Jefferson als Held des Alltags

Bloodweed (S. 199)	anderer Name für die Blutblume (in Afrika heimisch), eine dunkelrote Blume aus der Familie der Amaryllis.

Kapitel 30

ZUSAMMENFASSUNG

Der transportable Elektrische Stuhl („Gruesome Gerty") wird in die Stadt gebracht und löst mit seiner Gegenwart Reaktionen bei den Stadtbewohnern aus. Die letzten Vorbereitungen für Jeffersons Exekution werden getroffen.

ERLÄUTERUNG

Dieses Kapitel greift das Eingangsparadoxon von „being there and not being there" wieder auf. Die gespannte Erwartung von Jeffersons Exekution ist greifbar, aber Jefferson ist kein Hauptthema in diesem Kapitel.

„Gruesome Gerty"

„Gruesome Gerty" dagegen ist ein Hauptelement, ihr Zug durch die Stadt ist an den Kreuzweg angelehnt. Die Exekution soll zwischen Mittag und 15 Uhr am Freitag stattfinden – es ist derselbe Zeitrahmen wie bei Jesu Kreuzigung, was eine weitere Parallele zum christlichen Drama der menschlichen Erlösung darstellt. Wir können fast den Glauben von Miss Emma, Tante Lou und Rev. Ambrose vor uns bildhaft werden sehen, wenn Jefferson in seinem Ende Tod und Wiedergeburt gleichzeitig erlebt.

Das personifizierte Böse

Beachten Sie, dass der Autor „Gruesome Gerty" personifiziert, wenn er sie als eine der Hauptfiguren in dem sich entfaltenden Drama um Jefferson vorstellt – ein sprachliches Mittel, das unbelebten Dingen menschliche Charakterzüge zuschreibt. So ist „Gruesome Gerty" hier wie das personifizierte Böse gezeichnet. Als sie durch die Straßen von Bayonne zur Schau getragen wird, sät sie Angst in die Herzen der Bürger. Wir können vermuten, dass ein Teil der Furcht auf ihre eigene Schuld zurückzuführen ist, weil Gerty sie zwingt, zuzugeben, dass sie alle für Jeffersons Sterben mitverantwortlich sind, weil keiner von ihnen Stellung gegen ein rassistisches System bezieht, das Kriminalität und Gewalt nur weiter fortbestehen lässt. Gertys unheilvolle Gegenwart und der fürchterliche Lärm, den ihr Generator erzeugt, zwingen den Leser über die Realität der Todesstrafe nachzudenken und sich Gedanken über die Mentalität der Leute zu machen, die in die Planung und Durchführung einer Exekution involviert sind.

Fakten und Fiktion

Hier überlagern sich erneut Fakten und Fiktion: 1994 hat Gaines in einem Interview angemerkt, dass es in Louisiana wirklich einen transportablen Elektrischen Stuhl gab, der durch den gesamten Staat gefahren und für Exekutionen verwendet wurde, beinahe so, wie er es hier beschreibt. Das Beharren des Scharfrichters darauf, dass das Verfahren der Hinrichtungsvorbereitung ordnungsgemäß durchgeführt wird, ist auch von großer Bedeutung. Im selben Interview hat Gaines an einen besonders grausamen Fall aus dem Jahr 1947 erinnert, in dem ein junger Mann zwei Mal auf den Elektrischen Stuhl verurteilt worden ist, weil „the chair had failed to work properly the first time“. Wie Gaines Nachforschungen ergeben haben, war die Todesstrafe durch den Elektrischen Stuhl in den Südstaaten der 1940er Jahre weit verbreitet – eine Tatsache, die ausführlich dokumentiert ist.

Die Exekution als Tragödie vs. ein notwendiges Übel

Das 30. Kapitel stellt einen scharfen Kontrast zum 19. Kapitel dar, in dem sich die schwarze Gemeinde in der Plantagenschule/kirche versammelt, um ihre Unterstützung für Jefferson auszudrücken. Wir stellen fest, dass die schwarze Gemeinde Jeffersons bevorstehende Exekution als eine Tragödie beweint, während die Weißen sie als (unangenehme) Routineangelegenheit, die erledigt werden muss, um ihre Sicherheit zu gewährleisten, bewerten. Für die schwarze Gemeinschaft gibt die Hinrichtung ein weiteres Beispiel für einen wehrlosen Schwarzen, der in den Händen seiner weißen Unterdrücker stirbt, für die weiße Gemeinschaft ist Jeffersons Exekution ein notwendiges Übel: wie die Verkäuferin ihrem

Sohn erklärt, der Sheriff „just had to put an old bad nigger away" (S. 212).

Ungeachtet der differierenden Perspektiven bemerken wir, dass sich die anstehende Hinrichtung sowohl auf die Schwarzen als auch auf die Weißen auswirkt, und so in den Köpfen aller ist. Bei ihren üblichen Morgenritualen lassen Sheriff Guidry und Rev. Ambrose ihre Gedanken um Jefferson kreisen, während der Henker, Paul und die anderen Gefangenen gezwungen sind, ihre Rollen zu spielen.

Wie das 20. Kapitel, in dem Mr. Farrell Jarreau als Reaktion auf die Information, dass der Hinrichtungstermin festgesetzt wurde, körperlich zu schrumpfen scheint, greift auch dieses Kapitel das Thema der zwischenmenschlichen Vernetzung auf.

Zwischenmenschliche Vernetzung

Es ist der weiße Hilfssheriff Paul, der zu Jefferson in dessen letzten Stunden den Kontakt vertieft, der sich bemüht, ihm die Zeit einfacher zu machen und der die Gegenstände an sich nimmt, die Jefferson für Grant und Mr. Pichot hinterlässt, was einer weiteren Vorankündigung der Bürgerrechtsbewegung an diesem Tag der Hinrichtung gleichkommt. Paul repräsentiert die Auswirkungen, die Jeffersons Wandlung auf die weiße Gesellschaft hat. Zwar will Paul das Radio als Geschenk von Jefferson nicht behalten, schenkt es aber an dessen Mitgefangene weiter, womit er die Inhaftierten als Mitmenschen anerkennt. Jefferson schenkt Paul zudem die Murmel, die dieser annimmt und damit seine Freundschaft und seinen Respekt für Jefferson bekräftigt und die auch Jeffersons Respekt und Freundschaft für Paul offenbart. Jefferson schätzt es sehr, dass Paul bei ihm sein wird („I'll be there", S. 215), wenn er hingerichtet wird. So sind schwarz und weiß in dieser Tragödie schließlich vereint.

Vereinigung von Schwarzen und Weißen

cush-cush (S. 208)	eine Getreideart; auch Couscous genannt; eine Art Grieß.

Kapitel 31

ZUSAMMEN-FASSUNG

Der Tag der Exekution

Um ihren Respekt für Jefferson öffentlich zu zeigen, haben die Bewohner der Siedlung beschlossen, am Tag der Hinrichtung die Arbeit ruhen zu lassen. Grant wartet auf Nachricht vom Gerichtsgebäude, seine Schüler hat er währenddessen auf die Knie sinken und in Stille beten lassen. Schließlich trifft Paul ein und teilt Grant mit, dass die Exekution vorbei ist und Jefferson seinem Tod mit Würde und Mut entgegengetreten ist und dass seine letzten Worte waren: „Tell Nannan I walked" (S. 222). Er überreicht Grant Jeffersons Tagebuch und bietet ihm seine Freundschaft an. Grant nimmt das Tagebuch an sich, geht zurück in den Klassenraum, um den Schülern die Nachricht weiterzugeben, und weint öffentlich über den Tod seines Freundes.

ERLÄUTERUNG

Grant erwartet die Nachricht von Jeffersons Tod

Während Grant auf die Nachricht von Jeffersons Hinrichtung wartet, denkt er über seine Zeit als Schüler in der kleinen Landkirche nach, in der er jetzt der Lehrer ist. Er erinnert sich daran, wie er mit seinen Freunden Softball gespielt hat und stellt fest, dass viele von ihnen weggezogen sind und viele jung gestorben sind. Er denkt auch über Jefferson nach und bittet ihn still um Verzeihung, dass er ihn nicht in seinem Glauben bestärkt hat und macht sich Vorwürfe, dass er nicht den Mut gehabt hat, Zeuge der Exekution zu sein. Plötzlich werden seine Gedanken von einem ungewöhnlichen Anblick unterbrochen: En gelber Schmetterling hat sich kurz auf einem Büschel Spartgras niedergelassen und fliegt dann in Richtung Siedlung weiter. Als er den Schmetterling so beobachtet, spürt er, dass die Hinrichtung vorbei ist. Als Paul schließlich eintrifft und die Nachricht von Jeffersons

Tod überbringt, bleibt er gefasst. Er nimmt Jeffersons Tagebuch und Pauls Freundschaftsangebot an.

Die Symbolik um Jeffersons Hinrichtung

Dieses Kapitel beinhaltet vier symbolträchtige Szenen, die die Geschehnisse um Jeffersons Hinrichtung ergreifend kommentieren. Die erste Szene entwirft das Bild der Kirche, wie sie im Erdboden ver sinkt, trotz der wiederholten Anstrengungen, ihr Fundament zu stabilisieren. Beachten Sie, dass diesem Bild die tragische Darstellung von vergeudetem jungen Leben und das Bild von Henri Pichots Haus, „sitting on its foundation high above the ground“ (S. 220), gegenüber gestellt sind. Die Kirche verliert buchstäblich an Boden, weil ihr ein festes Glaubensfundament fehlt. Sie hat die Fähigkeit verloren, die Kinder ihrer Gemeinde zu retten. Im Gegensatz dazu ist Pichots Landsitz auf dem soliden Fundament der Südstaatenkultur und -tradition errichtet und somit in der Lage, den Elementen standzuhalten.

Die versinkende Kirche

Der gelbe Schmetterling

Die zweite Szene betrifft den gelben Schmetterling. Grant bemerkt, dass es sich nicht um einen gewöhnlichen Schmetterling handelt, da dieser nicht den Blumenduft in Pichots Garten sucht. Stattdessen landet er kurz auf einem Büschel Spartgras und fliegt dann in Richtung Siedlung. Von dieser Momentaufnahme geht große Symbolkraft aus, weil die Farbe gelb häufig für Erleuchtung steht. Beachtenswert ist ferner die Wiederholung des Licht-Gedankens in der Beschreibung der Bewegungen des Schmetterlings. Somit ist Jeffersons Verwandlung von einem Schwein in einen Mann und schließlich in ein spirituelles Wesen abgeschlossen.

Pauls Bericht

Die dritte Szene handelt von Grants Unterredung mit Paul, der die Exekution verfolgt hat. Pauls mehrfach wiederholtes „I‘m a witness“ (S. 222 f.) und seine Schilderung von Jeffersons letzten Minuten bilden eine Parallele zum Apostel Paulus, der die christliche Botschaft bezeugt: „Tell them he was the bravest man in that room today. I‘m a witness, Grant Wiggins. Tell them so.“ (S. 224). Grant schlägt vor, dass Paul selbst eines Tages zurückkommt und es ihnen selbst erzählt, was Paul als „an honor“ (S. 224) akzeptiert. Wir erkennen die Auswirkungen dieses schwarzen historischen Moments auf die weiße Gemeinde und sehen, wie Grant und Paul, schwarz und weiß, zusammenarbeiten, um dieses menschliche Schicksal weiterzuverbreiten.

Grants öffentliche Tränen

Die vierte Szene fokussiert Grants Rückkehr in das Klassenzimmer, wo er seinen Schülern gegenüber tritt und unverhohlen weint und sich nicht bemüht, seine Tränen zu verstecken. An diesem Punkt legt er auch sein Westcott Lineal ab, was anzeigt, dass er auf Grund seiner Beziehung zu Jefferson sich selbst von einem verbitterten, zynischen Mann zu einem sorgenden mitfühlenden Lehrer gewandelt hat.

Jeffersons letzte Worte

Jeffersons letzte Worte – „Tell Nannan I walked“ (S. 222) – sind eine Hommage an seine Patentante und ein Beleg für den immensen Einfluss, den Grant auf sein Leben genommen hat: Grant hat Jefferson nicht nur dazu befähigt, standhaft zu sein, sondern auch dazu, nach vorne zu gehen. Grants Einfluss auf Jefferson spiegelt sich in Jeffersons Einfluss auf die Gemeinschaft, die die Tragödie seines Todes in eine Jubelfeier auf das Leben umkehrt.

A patch of white lilies (S. 216)	weiße Lilien, auch als Oster-Lilien bekannt, werden im Allgemeinen mit der Auferstehung Christi assoziiert.
I am a slave (S. 220)	Grant erkennt, dass er mental noch immer ein Sklave ist. Er ist zwar körperlich frei, hat aber nicht verantwortlich gehandelt. Als er endlich zu weinen bereit ist, erkennen wir, dass er durch Jeffersons Tod seinen Frieden gefunden hat (Jeffersons Tod ist Grants Erlösung und Befreiung). Wir erkennen auch, dass Grant die Lektion, die Rev. Ambrose ihm erteilen wollte, verstanden hat: Ein Mann kann zur selben Zeit stehen und auf Knien sein.
The driver drove slowly to keep down the dust (S. 221)	Der Staub steht hier für den Tod.

Personencharakteristiken

Grant Wiggins und Jefferson

Die Hauptfiguren des Romans

Grant Wiggins und Jefferson sind die zwei Hauptfiguren des Romans. Ihr jeweiliges Überleben hängt von ihrer gegenseitigen Unterstützung ab. Es ist zwar Jeffersons Geschichte, sie wird aber von Grant erzählt, mit Ausnahme des 29. Kapitels, in dem Jefferson mittels seines Tagebuchs endlich in der Lage ist, seine Geschichte mit seiner eigenen Stimme zu erzählen. Obwohl Grant die ungeheure Aufgabe, aus Jefferson einen Mann zu machen, angenommen hat, wird im Laufe der Geschichte klar, dass Grants Schicksal untrennbar mit dem von Jefferson verknüpft ist. Im Zuge seiner Hilfe für Jefferson, das ‚Stehen' (z. B. S. 189) zu lernen, muss Grant zunächst mit seinen eigenen inneren Dämonen fertig werden, die ihn zu einem emotionalen Krüppel zu machen drohen wie seinen Vorgänger Matthew Antoine. Kurz, die zwei Männer müssen sich gegenseitig unterstützen, weil keiner allein stehen kann. Im Gegensatz zu einem konventionellen Helden, der absolut unabhängig Erfolge hat, kann Grant nur über seine Interaktion mit Jefferson ein „hero" (S. 167) sein und genauso umgekehrt.

Verknüpfung der Schicksale

Eine solche Annäherung an den Roman fokussiert die afrozentrische Perspektive, in der die individuellen Bedürfnisse dem Gemeinwohl unterstellt werden. Auch wenn Grant und Jefferson nicht blutsverwandt sind, sind sie doch über ihre geteilten Erfahrungen als Schwarze verbunden.

Grants geistige Gefangenschaft

Obwohl er körperlich frei ist, lebt Grant in einem geistigen Gefängnis, das er sich selbst mit seinem Hass auf die Weißen, seiner Arroganz und seiner Absonderung von der schwarzen Gemeinde geschaffen hat. Als Gebildeter sieht er sich Leuten wie Jefferson oder Rev. Ambrose überlegen. Seine Bildung hat ihn gelehrt, sein eigenes Volk zu verachten, anstatt ihn darauf vorzubereiten, einen

Beitrag für seine Gemeinde zu leisten. Daraus folgt, dass er seine Lehrerposition nicht dazu nutzt, seine Schüler zu inspirieren und ihnen Auftrieb zu verleihen, sondern dazu, sie zu demütigen und zu verspotten, beinahe so wie sein eigener Lehrer Matthew Antoine ihn damals erniedrigt und verspottet hat. Somit treibt Grant den Kreislauf von Armut und Gewalt weiter an, anstatt ihn mit Hilfe seiner Fähigkeiten und Talente zu unterbrechen; er versäumt es, das System in Frage zu stellen.

Grant ist frustriert und mutlos

Anders als Jefferson hat Grant zahlreiche Gelegenheiten gehabt, Bayonne zu verlassen und sein Leben zu ändern, dennoch hat er sich entschlossen, zu bleiben und an der Plantagenschule zu lehren – aber nicht, weil er ein engagierter Lehrer ist, der sich um seine Schüler kümmert, sondern weil er glaubt, als Schwarzer, der in einer rassistischen weißen Welt lebt, kaum oder gar keine Kontrolle über sein Leben zu haben. Im Gegensatz zu Miss Emma weigert er sich, dem System, das ihn in einem Status mentaler Sklavenschaft festhält, etwas entgegenzusetzen. Stattdessen wächst der Zorn in ihm an und er lässt seinen Kummer und seinen Frust an seinen Schülern aus.

Da Grant schon mit einem anderen Lebensstil in Berührung gekommen ist, ist er sich der Möglichkeiten, die ihm auf Grund seiner Rasse verwehrt bleiben, umso stärker bewusst. Das bedeutet, er neigt viel eher als Jefferson dazu, gegen die repressive weiße Gemeinde auszuholen, die ihn in den Schranken halten will. Wir können annehmen, dass einer der Gründe, wieso Grant sich nur widerwillig auf Jefferson einlässt, der ist, dass er den schmalen Grat erkannt hat, der ihn von Jefferson trennt, einem schwarzen Kameraden, der die gleichen Erfahrungen wie er mit Rassismus und Diskriminierung gemacht hat.

Widerwillige Sorge um Jefferson

Bedenkt man Grants aufgestauten Frust, ist die Wahrscheinlichkeit im Gefängnis zu enden für ihn noch größer als für Jefferson, was seine Prügelei mit den mulattischen Maurern im Rainbow Club beweist. Bedenken Sie, dass Grant ohne das Einschreiten von Joe Claiborne und Vivian sehr wahrscheinlich wegen Körperverletzung oder Mordes verhaftet worden wäre.

In einem Interview von 1998 merkte Gaines mit Bezug auf Booker T. Washington an, dass die soeben befreiten Sklaven drei Dinge getan haben: Sie haben die Plantagen verlassen (zumindest für eine Zeit), haben ihre Namen geändert (Annahme einer neuen Identität) und haben Lesen und Schreiben gelernt. Grant hat alle drei Stufen durchlaufen, aber trotz seiner neuen Identität als „professor" (z. B. S. 39) und „teacher" (z. B. S. 16) bleibt er im Geist ein Sklave. Allein der Anerkennung seiner Verwandtschaft zu Jefferson und der Wiederbelebung seiner Beziehung zur schwarzen Gemeinde ist es geschuldet, dass er schließlich seinen Frieden erlangt.

Unsensibel und rücksichtslos

Grant ist ein desillusioniertes Produkt der schwarzen Kirche. Er ist unsensibel und rücksichtslos, wie Vivian feststellt (er achtet nicht darauf, wie sich seine Taten auf die anderen auswirken) und er ist unreif (er hält nicht inne, um darüber nachzudenken, welchen Kummer seine Handlungen verursachen könnten). Er weiß die Verantwortungen, die mit einer Führungsrolle einhergehen, nicht zu tragen. Er will Freiheit ohne Verantwortung.

Obwohl er sich vornimmt, Jefferson zu lehren „to be a man" (S. 23, 204), zweifelt er doch an seinem eigenen Menschentum. Seine Gefühle gegenüber Jefferson spiegeln die Gefühle Matthew Antoines gegenüber Schwarzen wider. Während Antoine sich auf Grund seiner helleren Hautfarbe überlegen fühlt, sieht Grant sich wegen seiner Bildung höher gestellt, die ihn, wie er meint, in eine höhere soziale Klasse aufsteigen lässt.

Jeffersons Selbsthass

Jefferson fungiert als Beispiel für den jungen schwarzen Mann, der den Hass, der ihm von den weißen Rassisten entgegengebracht wird, als Selbsthass verinnerlicht. Aufgrund der Aussagen seines Pflichtverteidigers betrachtet er sich selbst als wildes Tier – der Würde und der Achtung, die allen Menschen gebühren, nicht würdig. Sein Mangel an Selbstwertgefühl und Selbstachtung sind wesentlich für seine Gleichgültigkeit und seine negative Grundeinstellung. Um ihn zu erreichen, muss Grant zunächst die Barrieren durchbrechen, die sein Selbsthass errichtet hat. Jefferson spürt, dass er nicht dazu verurteilt wurde, wie ein Mann zu sterben, sondern dazu, wie ein wildes Tier vernichtet zu werden. Schlimmer noch, er glaubt, nicht besser als ein dummes Tier zu sein und den Tod verdient zu haben, weil sein Leben für ihn wertlos ist.

Jeffersons Wandel

Der Wandel setzt ein, als er sich bei Grant für die Pecannüsse bedankt, sich für seine unanständigen Bemerkungen über Vivian entschuldigt, Grant die Süßkartoffel anbietet und anfängt, sein Tagebuch zu schreiben. Beachten Sie auch, dass er in sein Tagebuch notiert: „Man walk on two foot; hogs on four" (S. 193), nachdem Grant ihn davon überzeugt hat, dass der Rassenmythos, der sein Leben als wertlos deklariert, komplett falsch ist: Jeffersons Leben *hat* Sinn.

Jeffersons Leben vor der Gefangennahme

Beachten Sie, dass Jefferson kein Analphabet ist; er ist lediglich ungebildet. Er ist sehr wohl in der Lage, richtig und falsch zu unterscheiden. Jefferson hat sein Leben lang hart gearbeitet. Er ist also nicht der stereotyp faule und träge Neger. Er ist ohne ein männliches Rollenvorbild aufgewachsen, wurde aber von seiner Patentante Miss Emma mit Liebe aufgezogen.

Jefferson respektiert die Älteren und hat ein freundschaftliches Verhältnis zu Alcee Gropé, der sich nach Jeffersons Nannan erkundigt. Er wurde von seinen Pateneltern Miss Emma und Mr. Oscar groß gezogen. Er mag Kuchen, Süßigkeiten und Eiscreme, was sein Verlangen nach Spaß und Unterhaltung symbolisieren soll. Er hatte einen Freund namens Boo, der allem Anschein nach geisteskrank wurde. Er genoss es, mit seinem Freund Gable auf die Jagd zu gehen. Er hat seine Gefühle für andere nie artikuliert, genausowenig haben andere je ihre Gefühle für ihn ausgedrückt. Er kennt die Bibel. Er ist eher ruhig und bleibt meist für sich, ähnlich wie Mr. Farrell Jarreau. Er mag Musik. Er ist naiv, passiv und leicht zu beeinflussen. Beachten Sie, dass er von Miss Emma noch immer als seiner „nannan" spricht, was auf seine Naivität und kindliche Unschuld hindeutet.

Miss Emma und Tante Lou

Lebenslange Freundschaft

Miss Emma und ihre lebenslange Freundin Tante Lou sind gewissermaßen unzertrennlich. Manchmal erscheinen sie so verbunden, dass schwer zu bestimmen ist, welche gerade spricht. Die beiden Frauen unterstützen sich gegenseitig und geben einander Mut, weiterzumachen, trotz der feindlichen Umstände, die sie umgeben. Jede von ihnen hat Zukunftshoffnung und einen tiefen und beständigen Glauben an Gott, der von ihrer Freundschaft genährt und unterstützt wird. Beide sind entschlossen, Jefferson zu helfen und glauben, dass er für eine Gelegenheit steht, in der Gemeinde einen Sinn für Stetigkeit herzustellen. Auch wenn beide Frauen forsch, kräftig gebaut und tiefreligiös sind, werden sie nicht wie die stereotypen schwarzen „Mammy-" oder „Aunt Jemima"-Frauentypen dargestellt; stattdessen sind sie hart arbeitende, würdevolle Frauen, die Respekt verlangen. Miss Emma und Tante Lou sind zweifelsohne starke schwarze Frauen, die ihre Familien lieben und für ihre Gemeinde sorgen.

Miss Emma als Beschleunigerin des Wandels

Miss Emma beschleunigt den Wandel des ungerechten und unbilligen Systems. Auch wenn Grant hier die ‚Helden'-figur ist, die Jefferson befähigt, in Würde zu sterben, so ist es doch Miss Emma, die die Dinge ins Laufen bringt. Sie ist diejenige, die Grant überredet, sie und Tante Lou zu Henri Pichots Villa zu begleiten, wo sie

Pichot überzeugt, mit seinem Schwager Sheriff Guidry zu reden, damit dieser Grant erlaubt, Jefferson zu besuchen. Wenn auch am Schluss die Verdienste der beiden Männer (Grant und Rev. Ambrose) für Jeffersons Erlösung und Verwandlung hervorgehoben werden, wissen wir, dass Miss Emma mit ihrer beherzten Tat die Abfolge von Geschehnissen, die in Jeffersons Fähigkeit „to stand" gipfelte, in die Wege geleitet hat. Genauso ist es Tante Lou, die Grant stets auf dem moralisch geradlinigen und schmalen Pfad im Leben gehalten hat.

Miss Emmas beherzte Tat

1994 hat Gaines in einem Interview erklärt, dass Miss Emmas jahrelange Dienste für die Pichots „symbolic of what the blacks have given to the South" sind. Bedenken Sie, dass Pichot trotz seiner anfänglichen Irritation über Miss Emmas Beharren, dass er ihr einen Gefallen schulde, weil sie so viel für seine Familie getan habe, ihrer Bitte zögerlich nachkommt, weil er erkennt, dass sie die Wahrheit sagt. Das gestattet uns die Annahme, dass er sich verpflichtet fühlt, ihr zu helfen, da er ihr Argument nicht entkräften kann.

Parallelen zu Rosa Parks

Wenn wir Miss Emmas Figur aus einer historischen Perspektive untersuchen, können wir interessante Parallelen zwischen der fiktionalen Miss Emma und der realen Aktivistin Rosa Parks ziehen. Wie Rosa Parks einen Präzedenzfall geschaffen hat, indem sie sich geweigert hat, ihren Sitzplatz im Bus einem weißen Mitfahrer zu überlassen, schafft Miss Emma einen, indem sie die erste schwarze Person ist, die in Edna Guidrys Wohnzimmer Kaffee trinkt. Während Rosa Parks trotzige Aktion den Montgomery Bus Boycott von 1955–1956 zur Folge hatte, der dazu führte, dass überall in den Südstaaten eine Reihe von Segregationsgesetzen in Frage gestellt worden sind, bringt Miss Emmas Handlung ebenso eine Serie von Geschehnissen in Gang, die eine gewaltige Auswirkung auf die gesamte schwarze Gemeinde haben. Und während Rosa Parks Handlung der Bürgerrechtsbewe-

Enorme Auswirkung auf die schwarze Gemeine

gung den Weg bereitet hat, die Dr. Martin Luther King in eine Führungsrolle gehoben hat, bereitet Miss Emmas Aktion – von Tante Lou unterstützt – den Weg für Grant, eine Führungsrolle in seiner Gemeinde anzunehmen. Keine der Frauen setzt etwas daran, ein politisches Statement abzugeben. Sie stehen aber für ihre Rechte ein, lassen sich nicht einschüchtern und weigern sich, die Ungerechtigkeiten hinzunehmen.

Einsatz gegen die Ungerechtigkeit

Somit verdeutlichen die Taten dieser Frauen, dass das Persönliche politisch ist (dass echter Wandel mit persönlichem Einsatz beginnen muss) und dass eine Person, die bereit ist, einen Standpunkt einzunehmen, große Wirkung auf andere haben kann. Ihre Handlungen sind auch ein Zeugnis für Dr. Kings *Letter from Birmingham*, in dem er sich gegen diejenigen wendet, die Schwarzen den Rat erteilen, geduldig den Wandel zu erwarten. King stellt klar, dass sie es sich nicht leisten können zu warten, solange ihre Brüder und Schwestern leiden.

Vivian Baptiste und Matthew Antoine

Kreolische Abstammung

Vivian Baptiste, die Freundin Grants, und Matthew Antoine, Grants ehemaliger Lehrer in der Plantagenschule, haben viel gemein. Beide sind Lehrer, beide sind Kreolen; und beide haben enormen Einfluss auf Grant. Doch während Vivian an ihrer Kultur und ihren Wurzeln festhält, sich mit der schwarzen Gemeinde identifiziert, obschon sie als weiß durchgehen könnte, lehnt Matthew seine Kultur und seine Herkunft ab und versucht, sich mit der weißen Gemeinde zu identifizieren, was sich als zweckloses Bemühen erweist und ihn schließlich zerstört.

Vivian repräsentiert Stärke, Pflichtgefühl, Zukunftshoffnung

Auch wenn Vivian nicht so forsch und herrisch ist wie Miss Emma und Tante Lou, ist sie doch definitiv eine starke schwarze Frau. In vielen Fällen unterstreicht ihre Stärke die Schwäche von Grant. Sie hat sich über ihre Familie hinweggesetzt, indem sie einen dunkelhäutigen Mann geheiratet hat, auch wenn das die Ächtung von Seiten ihrer Familie mit sich bringt. Grant dagegen hat Angst davor, sich mit Jefferson zu befassen, weil er fürchtet, mit ihm identifiziert zu werden. Wenngleich sie ihn liebt, zögert sie nicht, auf seine Unzulänglichkeiten taktvoll und ohne sein männliches Ego anzugreifen, hinzuweisen. Vivian ist eine Lady, die es nicht zulässt, dass Grant sie ausnutzt. Nachdem sie seine Wunden aus der Clubschlägerei versorgt hat, stellt sie ihm ein Ultimatum: Wenn er nicht bereit ist, ihr etwas Beachtung zu schenken, wird sie ihn verlassen.

Die Beziehung zwischen Vivian und Grant

Grants Beziehung mit Vivian scheint eher einseitig zu sein. Grant erwartet von ihr, für ihn da zu sein, aber er denkt nur unter dem Aspekt seiner Bedürfnisse und Ansprüche an sie. Vivian ist dazu da, sein Bedürfnis nach Sex und Unterhaltung zu befriedigen. Sie ist dazu da, ihn zu unterstützen und seine Wunden zu versorgen. Wir sehen ihn nie eine Gegenleistung erbringen. Vivian ist gewillt, ihre Verantwortungen als Mutter, Lehrerin und Liebhaberin anzunehmen, Grant dagegen ist unwillig, die Verantwortungen, die mit seiner Rolle als Neffe, als Lehrer und als Liebhaber einhergehen, anzuerkennen. Für ihn bedeutet das Lehrerdasein, einen festen Job und einen hohen Stellenwert in der Gemeinde zu haben; für Vivian heißt es, eine Führerin und ein Rollenvorbild zu sein.

Divergierende Lehrmethoden

Grants Haltung erhält den Kreislauf von Armut und Rassismus aufrecht, Vivian aber nimmt eine aktive Rolle ein und versucht den Status quo zu ändern. Grant ist damit zufrieden, den Unterricht völlig mechanisch abzuhalten, Vivian aber fördert ihre Schüler und gibt ihnen Hoffnung für die Zukunft. Vivians Ziel ist es, in ihren Schülern Hoffnung auf eine bessere Zukunft und ein Leben außerhalb der kleinen Plantagengemeinde zu säen. Sie tut dies, indem sie ihnen Selbstwertgefühl vermittelt und ihnen hilft, aktiv mitwirkende Gemeindemitglieder zu werden. Grant hingegen ist vorrangig mit Kontrolle und Disziplin beschäftigt – was sein allgegenwärtiges Westcott Lineal beweist.

Spott vs. Ermutigung

Ein klassisches Beispiel für ihre divergierenden Lehrmethoden ist die Art, den Schülern das Schreiben eines einfachen Satzes beizubringen: Während Grant die Schüler, die ihren einfachen Satz nicht auf eine gerade Linie schreiben können, auslacht und verspottet, ermutigt Vivian ihre Schüler, die einfachen französischen Sätze schreiben zu lernen. Indem sie Französisch unterrichtet, nimmt Vivian ihr kreolisches Erbe an. Mit dem Lernen einer Fremdsprache ermöglicht sie ihren Schülern, ihre kulturellen Schranken zu überwinden. Sie bringt ihnen auch bei, die geografischen Grenzen sowie ihre vermeintlichen persönlichen Einschränkungen hinter sich zu lassen. Sie macht Grant klar: „We're teachers and we have a commitment" (S. 29).

Beachten Sie, dass Vivian eine Absolventin der Xavier University ist, einer katholischen Universität in Lafayette, Louisiana. Sie hat begriffen, dass die Illusion von Status und Klasse leer und bedeutungslos ist. Sie wurde von ihrer Familie verstoßen, weil sie einen Schwarzen geheiratet hat, der sie und ihre Kinder am Ende verlassen hat. Aber Vivian ist nicht verbittert und desillusioniert.

Matthew ist verbittert und desillusioniert

Sie hat vielmehr gelernt, mit ihren Problemen umzugehen und weiterzumachen, nicht wie Matthew, der den anderen – und im Grunde seinem eigenen Selbsthass – erlaubt, ihn zu vernichten.

Schlussendlich hat Vivian größeren Einfluss auf Grant als Matthew: Matthew appelliert an Grants niedere Instinkte, Vivian holt das Beste aus ihm heraus. Sie gibt ihm Liebe und Unterstützung, wohingegen Matthew durch seinen Selbsthass so blind war, dass er nicht weiter blicken und seinen Schülern helfen konnte, ein besseres Selbst zu entwickeln.

Rev. Mose Ambrose

Rev. Ambrose trotzt dem Stereotyp des schwarzen Predigers, der so davon besessen ist, das Evangelium zu predigen und die Vorteile des Lebens im Jenseits zu preisen, dass er die unmittelbaren Bedürfnisse seiner Gemeinde übersieht. Rev. Ambrose glaubt zwar, dass er von Gott berufen ist, sein Volk aus dem Dunkel der Verzweiflung in das Licht des Heiles zu führen, hat aber dennoch nicht den Blick für ihre alltäglichen Belange verloren. Rev. Ambrose ist ein Beispiel für einen Seelsorger, der sich aufrichtig engagiert, anderen zu dienen. Er ist wie der sprichwörtliche Schäfer, er ist draußen in seiner Gemeinde und hütet seine Schafe. Es ist Rev. Ambrose, der Miss Emma beisteht und ihr moralische Unterstützung sowie geistliche Führung anbietet. Es ist Rev. Ambrose, der Grant damit konfrontiert, sich mit seinem mangelnden Glauben auseinanderzusetzen. Und es ist der Reverend, der Jefferson während seiner letzten Tage zur Seite steht und seine Hinrichtung bezeugt.

Engagierter Seelsorger für seine Gemeinde

Rev. Ambrose bemerkt, dass Grant auf ihn als einen ungebildeten Mann herabsieht, aber er hat keine Angst, Grant Paroli zu bieten und ihn in seine Schranken zu weisen. Wie sein Name schon andeutet, ist er ein Anführer (wie Moses), der entschlossen ist, sein Volk von den Fesseln der geistigen Sklaverei zu erlösen und sich bemüht, ihnen geistige Nahrung (Ambrosia) darzureichen.

Wie Miss Emma lässt sich Rev. Ambrose nicht von seinem Stolz abhalten, wenn es darum geht, seine Arbeit an ein Ende zu bringen. Er ist bereit, seine eigenen Bedürfnisse hintanzustellen, um die Bedürfnisse der anderen zu erfüllen. Zum Beispiel verweigert Grant standhaft den von Inez angebotenen Kaffee, Rev. Ambrose aber nimmt ihn an und folgt Inez an den Küchentisch, weil er möglicherweise merkt, dass sie etwas Gesellschaft braucht. Ähnlich gestaltet sich die Situation, als sie gezwungen sind, Pichots

Selbstloser Einsatz

Konzentration auf das Wesentliche

Villa durch den Hintereingang zu betreten: Grant ist stark erbost, Rev. Ambrose ignoriert die Erniedrigung und konzentriert sich auf die bevorstehende Aufgabe, bessere Besuchsbedingungen bei Jefferson zu erlangen.

Manche mögen den Reverend wegen seines ruhigen, rücksichtsvollen Gebarens als typischen „Uncle Tom“ etikettieren. Aber wenn wir ihn dabei beobachten, wie er mit Weißen interagiert, erkennen wir, dass es seine Hauptmotivation ist, zu überleben und das für seine Gemeinde zu erreichen, wonach er strebt, selbst wenn das fortdauernde Erniedrigung bedeutet.

Gegenstück zu Grant

Er ist zwar ungebildet, aber auch weise und mitfühlend. Sein Glaube unterstützt ihn. Er hat den Mut, der Realität ins Auge zu sehen. Er ist ein einfacher, bescheidener Mann, der das Gegenstück zu Grants Stolz und Arroganz bildet.

Paul Bonin

Hoffnungsträger und Veränderungsmotor

Wenn er auch nicht direkt mit Grant und Jefferson in Kontakt steht, ist Paul eine der Hauptfiguren in diesem Roman. Gemeinsam mit Miss Emma symbolisiert er die Hoffnungen der Bürgerrechtsbewegung, die verspricht, die sozialen, politischen und wirtschaftlichen Beziehungen zwischen Schwarzen und Weißen zu verändern. Wie schon mehrfach angemerkt, durchzieht das Thema des Wandels den ganzen Roman. Um Pauls zentrale Rolle in dem Veränderungsprozess zu verstehen, müssen wir drei Schlüsselaspekte seines Charakters analysieren: den Symbolwert und die Anspielungen bezüglich seines Namens; seine Rolle als weiße Autoritätsperson; seine Haltung gegenüber Grant, Jefferson und Miss Emma.

Symbolkraft des Namens

In literarischen Werken, besonders in afro-amerikanischen, gestatten Namen oft einen Einblick in die Seele der Figur. Auch in diesem Roman legt Gaines eine besondere Betonung auf Pauls Namen. Bedenken Sie, dass Grant Vivian erzählt, dass er seinen zukünftigen Sohn gerne Paul nennen möchte (Kapitel 9), noch bevor Paul ihm anbietet, ihn bei seinem Vornamen zu nennen. Man darf dabei auch Grants zwiespältige Haltung gegenüber der Religion, wie sie sich beispielsweise in seiner Auseinandersetzung mit Rev. Ambrose abzeichnet, nicht außer Acht lassen; es ist wichtig, festzuhalten, dass der biblische Paulus eine der einflussreichsten Figuren des Neuen Testaments ist. Die Geschichte seiner wundersamen Verwandlung von Saulus von Tarsus, einem frühen Christenverfolger, zum Apostel Paulus, einem streng gläubigen Christen und Anhänger Jesu, ist oft als eines der erbaulichsten Zeugnisse der Macht Christi zitiert. Für zahlreiche Christen stellt Paulus' Leben Hoffnung dar und bildet nicht nur die Veränderungen ab, die im Leben eines Einzelnen mit Hilfe des Glaubens errungen werden können, sondern auch deren profunde Auswirkungen auf das Leben der anderen. Am Ende des Buches, als Paul Bonin Jeffersons ‚Tod und Auferstehung' bezeugt, sehen wir, wie Paul die gleiche Rolle annimmt wie der biblische Paulus, indem er Zeugnis ablegt und die Wahrheit verbreitet.

Der Apostel Paulus

In diesem Roman ist aber auch Pauls Rolle als weiße Autoritätsperson von Bedeutung. Zwar nimmt er seine Arbeit ernst und führt seine vorgeschriebenen Aufgaben aus, wie die Inspektion des in das Gefängnis gebrachten Essens, er macht sich aber auch die Mühe, die Schranken zwischen sich und Grant niederzureißen, und äußert seine Sorge um Miss Emma. Er scherzt mit den Gefangenen und tut sein Möglichstes, sie wie Menschen und nicht wie Tiere im Käfig zu behandeln.

Paul als Gegenstück zum stereotypen rassistischen weißen Polizeibeamten

So wie Miss Emma Vivian in den Kreis der Frauen aufnimmt (Kapitel 9), nimmt Grant Paul in den Kreis der Männer auf, indem er Jefferson ermutigt, Paul zu vertrauen. (Beachten Sie, dass Miss Emma bei vielen Gelegenheiten Paul als „from good stock“, z. B. S. 120, bezeichnet, womit sie ausdrücken will, dass er, wie auch

Vivian, „quality“, S. 104, hat.) Jefferson akzeptiert Grants Urteil, er vertraut Paul sein Tagebuch an und will ihm sein Radio geben, seinen wertvollsten Besitz. Da Paul das Tagebuch persönlich an Grant übergibt, sehen wir, dass Jeffersons Vertrauen nicht unangebracht war und Paul die Freundschaft zu Grant und Jefferson aufrichtig schätzt.

Freundschaft mit Grant und Jefferson

Pauls Rolle ist auch in der Hinsicht bedeutungsvoll, dass er das Stereotyp des weißen, rassistischen Südstaaten-Polizeibeamten nicht erfüllt. In dieser Funktion ist Pauls Rolle mit der des Gil Bouton, einer Figur in Gaines fünftem Roman *A Gathering of Old Men* vergleichbar. Wie Paul zeigt Gil, ebenfalls ein junger Weißer, seinen Respekt für und seine Bindung zu seinem schwarzen Freund Cal Harrison.

Mr. Farrell Jarreau

Mr. Farrell Jarreau ist der einzige Schwarze im Roman, der durchgängig mit „Mr.“ angesprochen wird. Auch wenn er als Henri Pichots Mädchen für alles und Bote angestellt ist und selbst den gleichen Beleidigungen und Erniedrigungen wie die anderen Männer der Siedlung ausgesetzt ist, hat er es doch geschafft, über seine unmittelbare Umwelt hinauszuwachsen und seine Würde und seinen Selbstrespekt aufrechtzuhalten.

Würde und Selbstachtung

Als Bote ist Mr. Farrell Jarreau die Brücke zwischen der schwarzen und der weißen Gemeinde, was die zahlreichen Botengänge, die er zu Grant in die Plantagenschule unternehmen muss, anzeigen. Aber er ist viel mehr als das. Er ist genauso ein liebender Ehemann für sein „little [Creole] wife“ (S. 127), womit er das Klischee des armen Schwarzen (das Vivians Eltern haben), der seinen Frust schlagend an seiner Frau ablässt, entkräftet. Der Unterhaltung zwischen Grant und Jefferson in Kapitel 24 können wir entnehmen, dass Mr. Farrell Jarreau für seine feinen Holzschnitzereien bekannt ist. Auch wenn er sein künstlerisches Talent nicht weiterentwickeln kann, genießt er es doch, mit seinen eigenen Händen etwas zu erschaffen. So ist es diese seine Fähigkeit, die ihn von anderen Männern wie Matthew Antoine absetzt, die Opfer der rassistischen Gesellschaft, in der sie leben, geworden sind: Mr. Farrell Jarreau hat sich dagegen gewehrt, sich zu einem Objekt machen zu lassen, über das einfach verfügt wird; in seiner ihm eigenen ruhigen unaufdringlichen Art hat er sein Leben unter Kontrolle bekommen und lebt seine Rolle als selbstbestimmter Mensch, der sein Leben aus dem Wenigen, das ihm gegeben wurde, selbst gestaltet. Dank seinem Unternehmergeist und seiner Kreativität ist er in der Lage, aus etwas ganz Ordinärem etwas Schönes zu gestalten.

Selbstbestimmtes und selbstgestaltetes Leben

Auch wenn Mr. Farrell Jarreau nur eine Nebenfigur ist, spielt er eine Hauptrolle für die Definition schwarzer Männlichkeit. Im Wesentlichen demonstriert er das, was Rev. Ambrose immer betont: Ein Mann kann zur gleichen Zeit knien und stehen.

Interpretationsansätze

Erzählperspektive, Plot, Schauplatz

Ich-Erzähler

Gaines lässt einen Ich-Erzähler sprechen (die Geschichte wird aus Grants Perspektive erzählt), aber der Leser ist nicht auf Grants Blickwinkel festgelegt. Gaines hat gesagt, dass seine Entscheidung für einen Erzähler, der die Geschehnisse so berichtet, wie sie andere erleben (vgl. Grants wiederholte Anmerkung „I would learn later", S. 116), ein Erzählmittel ist, mit dem er in die Köpfe seiner Charaktere eindringen kann, ohne auf einen allwissenden Erzähler (aus der dritten Person) zurückzugreifen. Ein Großteil der Romanhandlung geschieht eher auf einer psychologischen als auf einer physischen Ebene. Obwohl wir Grants Stimme hören, ist der Roman schlussendlich doch Jeffersons Geschichte.

Plot

Während sich die erzählte Geschichte in *Lesson* um Jeffersons Verurteilung und Hinrichtung dreht, lenkt der Plot den Blick auf den Kampf armer, unterdrückter Menschen, indem beschrieben wird, wie diese ein Mindestmaß an Stolz und Würde in einer feindseligen, rassistischen Umwelt erreichen. Der Roman beginnt mit Jeffersons Verurteilung, schwenkt kurz zurück in die unmittelbare Vergangenheit, um die Geschehnisse rund um Alcee Gropés Ermordung zu rekonstruieren, und schreitet dann unerbittlich voran bis er in Jeffersons Hinrichtung gipfelt. Im Laufe des Romans lernen wir das Leben in der abgeschotteten schwarzen Gemeinde von Bayonne kennen, das stark von Jeffersons bevorstehendem Tod beeinflusst wird, auch wenn es scheinbar ohne Unterbrechung weitergeht. Uns wird schließlich bewusst, dass Jeffersons Exekution, die vom Großteil der weißen Gemeinde allgemein als eine unschöne aber notwendige Pflicht aufgefasst wird, in der schwarzen Gemeinde ein Anlass großer Sorge und Trauer ist.

Der Schauplatz spielt eine Schlüsselrolle in *Lesson* – sowohl in physischer als auch psychologischer Hinsicht. Der Roman ist in der fiktionalen Gemeinde Bayonne, Louisiana, in den Südstaaten vor den Bürgerrechten angesiedelt. Die Schönheit und Ausdruckskraft von Gaines Schreibstil ist hauptsächlich in seiner Fähigkeit begründet, ein Gefühl für die örtlichen Gegebenheiten zu erschaffen und seine Leser in das Leben auf einer Zuckerrohrplantage in Louisiana vor der Bürgerrechtsbewegung zurückzuversetzen. Zwar weigert sich Gaines gegen jede angestrengte Kategorisierung seiner selbst als primär schwarzer Schriftsteller, als Südstaatenschriftsteller, als Kalifornischer Schriftsteller oder ähnliches, aber die Titulierung als ‚regional writer' scheint für ihn in Ordnung zu sein. So macht er in einem Interview deutlich: „All the great writers are regionalists. Faulkner wrote about Mississippi, Homer about Greece, Balzac about Paris, Shakespeare about a kind of England. But that doesn't mean they're not universal. People write about what they know best, and readers respond to that whereby they happen to live."

Schauplatz

Gaines versetzt seine Leser auf die Zuckerrohrplantagen der 1940er Jahre

Die Bedeutung der Region

Gaines arbeitet den Reiz in verschiedener Weise heraus: durch seinen akribischen Blick auf Details, seine Fokussierung von „local color" (wie regionale Sprache, Kultur, Speisen) und seine gewissenhafte Wiedergabe von Gesprächen. Er hat über sich gesagt, dass er kein Geschichtenerzähler sei, er hält lediglich Gespräche fest.

Die Südstaaten vor der Bürgerrechtsbewegung

Die vor-bürgerrechtliche Ära spannt die Brücke zwischen dem Ende des Bürgerkrieges (1865) und den Anfängen der Bürgerrechtsbewegung (1955). Sie umfasst die für Afro-Amerikaner turbulenten Jahre zwischen der Unterzeichnung der Emanzipations-Proklamation (31. Januar 1863), die das Ende der Sklaverei einläutete, und der Unterzeichnung des Civil Rights Acts von 1964, der den Afro-Amerikanern die Rechte vollwertiger Bürger zugestand.

Die Jahre 1863–1964

Chaos, Gefahr, Armut

Für schwarze Amerikaner war die Zeit vor Verkündung der Bürgerrechte eine Zeit der Gefahr und des Chaos, in der sie aufgestanden sind, um ihre Rechte als US-Bürger in einem feindlichen Land einzufordern, das sich weigerte, ihnen diese Rechte zu garantieren.

Wie Gaines anhand der Beschreibung der Lebensumstände der Menschen in der Siedlung aufzeigt, lebten viele Schwarze in Armut, da ihnen von den weißen Landbesitzern das Recht auf einen angemessenen Lohn versagt wurde und sie von diesen in einem sklavenähnlichen Status des Farmpächters gehalten wurden.

Formale Abschaffung der Sklaverei

Obschon die Emanzipations-Proklamation die Sklaverei in den konföderierten Staaten formal abgeschafft hat, hat sie weiter existiert, bis zwei Jahre später der 13. Zusatzartikel zur US-Verfassung (18. Dezember 1865) verabschiedet wurde und die Abschaffung der Sklaverei im ganzen Land festschrieb. Um die Auswirkungen des Artikels gering zu halten, trat der in Pulaski, Tennessee, gegründete Ku-Klux-Klan seine Schreckensherrschft gegen die soeben befreiten Schwarzen an, was den Beginn einer ganzen Serie von Aktionen markierte, die darauf abzielten, die Schwarzen in den Schranken zu halten.

Unterdrückungsmaßnahmen

Als Reaktion auf die Verabschiedung des 15. Zusatzartikels (vom 30. März 1870), der allen männlichen Bürgern das Wahlrecht zusicherte, haben die Südstaaten unverzüglich Maßnahmen ergriffen, um die Schwarzen an der Ausübung ihres Wahlrechts zu hindern. Diese umfassten die Einführung einer Kopfsteuer, von Alphabetisierungstests, von einer Besitz- und Registrierungsverpflichtung, und die Einführung der ‚Großvater-Klausel', die nur diejenigen zur Wahl zuließ, deren Großvater bereits vor dem 1. Januar 1866 gewählt hat. (Die Kopfsteuer wurde letztlich mit dem 24. Zusatzartikel aus dem Jahre 1964 verboten.)

Die „Jim Crow“-Gesetze aus Tennessee legalisierten 1875 die Rassentrennung in öffentlichen Einrichtungen. Im Jahr 1896 verordnete der Oberste Gerichtshof im Fall *Plessy vs. Ferguson*, dass Einrichtungen für Afro-Amerikaner „seperate but equal“ sein sollen. Mit dem Ende des Ersten Weltkriegs 1918 erhob sich eine neuerliche Welle der Gewalt gegen Schwarze; nachdem schwarze US-Soldaten in Übersee kurzzeitig vom Rassismus verschont waren, forderten sie nach ihrer Rückkunft auch ihre Bürger- und Menschenrechte in der Heimat ein. Hunderte von ihnen wurden gelyncht, manche noch in Uniform. Die Gewalt gipfelte im Red Summer of 1919, als im Juli der District of Columbia und 25 amerikanische Großstädte von Rassenunruhen erschüttert wurden.

Rassentrennung

Rassenunruhen

Auch in den Jahren nach dem Zweiten Weltkrieg dauerte der Kampf der Schwarzen für gleiche Rechte an, mit wenig Hoffnung auf Erfolg. Laut einem Bericht des Southern Regional Council waren im Jahr 1947 nur zwölf Prozent (ungefähr 600 000) der dort lebenden Afro-Amerikaner melde- und wahlberechtigt. 1948 unterzeichnete Präsident Truman die Executive Order 9981, die die Rassentrennung in den US-Streitkräften aufhob, womit die Integration aber noch nicht offiziell abgeschlossen war. Dies geschah erst sechs Jahre später, im Oktober 1954.

In der folgenden Chronologie werden die Ereignisse des Romans im Kontext der historischen Ereignisse (kursiv) dargestellt, die einen entscheidenden Einfluss auf das Leben der Afro-Amerikaner und ihren andauernden Kampf für Bürger- und Menschenrechte hatten. Der Bezugsrahmen wird dabei von zwei bedeutenden historischen Eckpunkten gebildet: dem Ende des Zweiten Weltkriegs (2. September 1945 [Kapitulation Japans; Anm. d. Übers.]) und dem Aufkommen der Bürgerrechtsbewegung (5. Dezember 1955).

Beachten Sie:

- → Da Gaines keine spezifischen Tage oder Daten nennt, sind alle Zeiten nur angenähert.
- → Die Zahlen in eckigen Klammern stehen für die Kapitelnummern.

Die Ereignisse im Roman spannen sich über einen Zeitraum von ungefähr sechs Monaten – von Oktober 1948 bis April 1949 – die Zeitspanne zwischen Jeffersons Verurteilung und seiner Exekution. Diese sechs Monate entsprechen der „grinding season“ (S. 8) und dem Schuljahr in der Plantagenschule/kirche.

ZEIT		EREIGNISSE
1939–1945		*Zweiter Weltkrieg*
1946		*Joe Louis verteidigt erfolgreich seinen Schwergewichts-Boxweltmeistertitel zum 23. Mal.*
1947	April	*Der CORE (Congress Of Racial Equality) sendet die ersten Freedom Riders in den Süden, um die Umsetzung des 1946 vom Supreme Court ausgesprochenen Verbots der Rassentrennung in Überlandbussen zu überprüfen.*
	11. April	*Jacky Robinson unterschreibt einen Vertrag bei den Brooklyn Dodgers und wird damit der erste schwarze Spieler, der in der Major League professionell Baseball spielt.*

ZEIT		EREIGNISSE
1948	Juni	*A. Philip Randolph baut die League for Nonviolent Disobedience Against Military Segregation auf.*
	26. Juli	*Präsident Truman unterzeichnet die Executive Order 9981, die die Rassentrennung in den US-Streitkräften aufhebt. Sechs Jahre später (Oktober 1954) ist die Integration offiziell abgeschlossen. Versuche von Afro-Amerikanern, wählen zu gehen, führen in den Südstaaten zu einer Welle der Gewalt.*
1948	Oktober Freitag	Jeffersons Verurteilung. Die allesamt weißen Geschworenen befinden Jefferson des Raubes und des Mordes für schuldig.
	Montag Früh	Der Richter verurteilt Jefferson zum Tod auf dem Elektrischen Stuhl. [1]
	Montag Nachmittag	Miss Emma, Tante Lou und Grant besuchen Henri Pichots Villa, um für Grant privilegierte Besuchsrechte im Gefängnis auszuhandeln. [3]
	Dienstag	Mr. Farrell informiert Grant, dass Pichot ihn um 17 Uhr sehen will. [5]
	Dienstag Abend	Grant muss zweieinhalb Stunden in Pichots Küche auf ihn warten. Der Sheriff erklärt Grant, dass er in „a couple of weeks" (S. 48) seine Besuche bei Jefferson aufnehmen kann. [6]

ZEIT		EREIGNISSE
1948	Oktober Donnerstag	Dr. Joseph Morgan, der Schulinspektor, stattet Grants Schule seinen alljährlichen Besuch ab. [7]
	die folgende Woche	Zwei alte Männer – Henry Louis und Amos Thomas – liefern die erste Fuhre Holz an Grants Schule, was den Winteranfang markiert. [8]
	November	Grant und Miss Emma fahren drei Mal zum Gefängnis, um Jefferson zu besuchen. [9]
	Freitag	Grant unternimmt seinen ersten Gefängnisbesuch ohne Begleitung. Auf dem Nachhauseweg kehrt er im Rainbow Club ein, wo die Männer über Jackie Robinson sprechen. [10–12]
	„Termination Sunday"	Vivian trifft die „church ladies". Nachdem Tante Lou Vivians Werdegang abgefragt hat, erklärt sie sie zu einer „lady of quality" (S. 104), womit sie ihr die Aufnahme in die Gemeinschaft der Frauen signalisiert. [13–15]
	Dezember Montag	Miss Emma berichtet Grant von Jeffersons rüdem Verhalten während ihres letzten Besuchs. Grant versucht sie zu überzeugen, ihre Besuche einzustellen, scheitert damit aber. [16]

ZEIT		EREIGNISSE
1948	Dezember Freitag	Grant besucht Jefferson; Paul Bonin, der junge Hilfssheriff, schlägt vor, dass sie sich gegenseitig mit Vornamen ansprechen. [17] Grant findet heraus, dass Tante Lou, Miss Emma und Rev. Ambrose die Frau des Sheriffs Guidry gefragt haben, ob sie Jefferson nicht in einem „[more] comfortable room" (S. 116) sehen könnten. Nachdem er sich vergewissert hat, dass Grant mit ihrer Unternehmung nichts zu tun hat, lässt er Jefferson entscheiden, ob er seine Besucher in seiner Zelle oder im Tagesraum empfangen will. [18]
	Weihnachten	Die Leute der Siedlung versammeln sich für die alljährliche Weihnachtsfeier. [19]
1949		Grant und Rev. Ambrose werden in Henri Pichots Haus bestellt, wo Sheriff Guidry ihnen mitteilt, dass der Termin für Jeffersons Hinrichtung feststeht. [20–21]
	Freitag	Grant besucht Jefferson. Zum ersten Mal sprechen sie miteinander. Danach fährt Grant in den Rainbow Club, wo er sich Geld leiht, um Jefferson ein Radio zu kaufen. [22]

ZEIT		EREIGNISSE
1949	Montag	Grant erfährt, dass Jefferson sich geweigert hat, seine Besucher im Tagesraum zu empfangen, weil es ihm nicht gestattet war, sein Radio mitzunehmen. Tante Lou, Miss Emma und Rev. Ambrose beschuldigen Grant, mit dem Radio Jeffersons Seele in Gefahr zu bringen. Grant aber erklärt ihnen, dass Jefferson das Radio dringend braucht, um seine Gedanken von seinem kurz bevorstehenden Tod abzulenken.
	Mittwoch	Grant überzeugt Jefferson, seine Gäste im Tagesraum zu treffen und verspricht ihm ein Notizbuch und einen Bleistift. [23] Grant redet mit Jefferson über Helden. An diesem Abend geht Grant in den Rainbow Club und gerät in eine Schlägerei mit zwei mulattischen Maurern. [24–26]
	Sonntag	Rev. Ambrose konfrontiert Grant mit dessen Mangel an Glauben. Die Männer debattieren über Religion, Erziehung und den Nutzen, den die Rettung der Seele bzw. die des Stolzes bringt. [27] Grant überredet Jefferson, mit Rev. Ambrose zu sprechen. Sie diskutieren über Beten und Sterben. [28]
	April	Jefferson hält die letzten Tage seines Lebens in seinem Tagebuch fest. Paul berichtet Grant von Jeffersons Tod und überreicht ihm dessen Tagebuch. [29–31]
		Jackie Robinson erhält die Auszeichnung National League's Most Valuable Player

ZEIT		EREIGNISSE
1949	April	*Joe Louis zieht sich als Schwergewichtsboxweltmeister aus dem Boxgeschäft zurück, nachdem er den Titel für elf Jahre und acht Monate innehatte.*
1954	17. Mai	*Das Oberste Gericht verbietet im Fall Brown vs. the Bord of Education of Topeka die Rassentrennung in Schulen, womit der Gerichtsentscheid im Fall Plessy vs. Ferguson von 1896, laut dem die Einrichtungen für Weiße und Schwarze „separate but equal" sein sollten, aufgehoben wurde.*
1955	5. Dezember	*Mit dem Montgomery Bus Boycott, der die Antwort auf Rosa Parks Verhaftung am 1. Dezember für ihre Weigerung, ihren Sitz freizugeben, war, beginnt die Bürgerrechtsbewegung.*

Die Bewegung hat seitdem beeindruckende Verbesserungen errungen: die Annahme des Civil Rights Acts von 1964, des Voting Right Acts von 1965 und des Civil Rights Acts von 1990, die sich gegen die ungeheuerlichsten Diskriminierungspraktiken wandten. Dennoch beweisen Aspekte wie der Mangel an guten Rechtsberatern für verarmte, eines Verbrechens beschuldigte Afro-Amerikaner, (was eine überproportional große Zahl an Afro-Amerikanern, die in Gefängnissen oder Todestrakten einsitzen, zur Folge hat) und die unverhältnismäßige Vertretung von Afro-Amerikanern unter den Akademikern, dass die Aufmerksamkeit weiterhin darauf gerichtet werden muss, die Chancen und Bürgerrechte gleich zu gestalten.

4. REVIEW QUESTIONS AND ESSAY TOPICS

(1) Explore one of the following topics presented in the novel:

Redemption/Transformation
Blacks and the Criminal Justice System
The Pre-Civil Rights South
The Myth of White Supremacy
The Concept of Heroism
Bonding Between Black Men
The Role of the Black Church
The Legacy of Slavery
The Role of Education in the South
The Role of Teachers
The Black Family and the Black Community
Racism
Racial Pride/Racial Consciousness
The Search for Black Male Identity
The Concept of Manhood
The Plantation System

(2) Discuss the significance of one of the following symbols:

Food as a celebration of life
The plantation school
The white picket fence surrounding the plantation school
The statue of the Confederate soldier and the Confederate flag outside the St. Raphael courthouse
The Pledge of Allegiance
The dayroom

The radio
Jefferson's diary
Henri Pichot's plantation

(3) Gaines has said that listening to the blues and jazz "has had as much of an impact on my writing as the works of other writers." Cite specific passages in the novel that demonstrate this influence and discuss their impact on the story.

(4) Read James Joyce's *Ivy Day in the Committee Room*. Why do you think Gaines included a discussion of this short story in his novel? What lessons does Grant learn from the story? From his professor?

(5) What role do Creoles play in the novel? What is Grant's perspective of them? Why?

(6) Some critics contend that Grant perpetuates the system of racism and exploitation. Write an essay to support or refute this argument.

(7) Throughout the novel, characters learn various 'lessons'. Discuss the lessons learned by one of the following characters:

Grant
Jefferson
Rev. Ambrose
Grant's students
Paul
Sheriff Guidry

(8) Explore the role of language in the novel. Consider the use of Standard English versus black vernacular and regional dialect; body language; and the language of silence.

(9) Gaines has said "All my works deal with the black male attempting to exceed his limits." Explore this theme in one of Gaines' earlier novels or short stories.

(10) Gaines' work has been criticized for his use of 'passive' characters who don't fight back against the injustices of their environment. Based on your reading of *A Lesson Before Dying*, write an essay to support or refute this theory.

AUSWAHLBIBLIOGRAPHIE

Gaines` Hauptwerke

Romane

Catherine Carmier. 1964. New York: Vintage Books, 1992.
Of Love and Dust. 1967. New York: Vintage Books, 1994.
The Autobiography of Miss Jane Pittman. 1971. New York: Bantam Books, 1972.
In My Father's House. 1978. New York: Vintage Books, 1992.
A Gathering of Old Men. 1983. New York: Vintage Books, 1992.
A Lesson Before Dying. 1993. New York: Vintage Books, 1994.

Short Stories

Bloodline. 1968. New York: Vintage Books, 1997.

Children's Book

A Long Day in November. New York: Random House, 1971.

Literatur über Gaines

Beavers, Herman: *Wrestling Angels into Song. The Fictions of Ernest J. Gaines and James Alan McPherson.* Philadelphia: University of Pennsylvania Press, 1995.

„Ernest Gaines." African American Writers. Hrsg. von Valerie Smith et al. New York: Collier Books, 1993. S. 105–120.

„Ernest Gaines." The Norton Anthology of African American Literature. Hrsg. von Henry Louis Gates, Jr. und Nellie McKay. New York: W. W. Norton & Co., Inc., 1997. S. 2180–2182.

„Ernest Gaines." The Essential Black Literature Guide. Hrsg. von Roger M. Valade III. New York: Visible Ink Press, 1996. [Gemeinschaftsveröffentlichung mit dem Schomburg Center for Research in Black Literature.]

Estes, David C. (Hg.): *Critical Reflections on the Fiction of Ernest J. Gaines.* Athens, Ga.: University of Georgia Press, 1994.

Ferris, William: *I heard the voices ... of my Louisiana People: A Conversation with Ernest Gaines.* Humanities. July/Aug. 1998. S. 5–7; 46–51.

Gaudet, Maracia / Carl Wooten: *Porch Talk with Ernest Gaines: Conversations on the Writer's Craft.* Baton Rouge: Louisiana State University Press, 1990.

Glover, Michael: *To Kill a Hog.* The Angolite. Sept/Oct 1993. S. 38–39.

Lowe, John (Hg.): *Conversations with Ernest Gaines.* Jackson, Miss: University Press of Mississippi, 1995.

Wilson, Charles E., Jr: *Black Manhood in Ernest J. Gaines' A Lesson Before Dying.* Journal of African American Men. (Vol. 1. Issue 1) Summer 1995. S. 99–112.